VIETNAM WAR

【圖解】
越南戰爭

■作畫 上田 信
■解説 沼田和人

CONTENTS

越南戰爭的歷史

越南位於印度支那半島東側，是個南北狹長的國家。其北部與中國接壤，因地理上的關聯性，西元前2世紀～17世紀皆受漢、元、明、清等中國各王朝影響。1888年，越南成為法國殖民地，展開新的抵抗歷史。

■第一次印度支那戰爭

第二次世界大戰爆發後，日本取代法國統治越南。1945年8月15日，日本決定接受波茨坦宣言，無條件投降，情勢因而產生變化。8月17日，從事祖國獨立運動的胡志明率領越盟（越南獨立同盟會）占據河內，9月2日宣布成立越南民主共和國，胡志明就任首任國家主席兼首相。

然而，意圖奪回越南主權的法國，卻不承認此獨立政權。1946年11月，海防爆發武裝衝突，開啟了第一次印度支那戰爭（以下稱印度支那戰爭）。法國為因應獨立運動，並防止越南赤化，於1949年6月14日在南部擁立阮朝末代皇帝保大帝為元首，建立傀儡國家越南國，並承認其獨立地位，以延續殖民統治。印度支那戰爭的戰鬥，主要發生在越南北部地區。雖然軍事力較強的法軍占領了主要城市，但越盟軍仍以游擊戰持續抵抗。原本戰事看似由法軍掌握優勢，然而越盟軍在各地展開的游擊戰，令法軍損失與日俱增。

為了打破這種狀況，法軍自1953年改採針對游擊據點各個擊破的戰術，切斷越盟軍的南北補給線，將戰略轉換為阻止游擊戰。法軍依據新的作戰計畫，除越南之外，也要切斷對寮國抵抗勢力的補給線，因而在位於寮國附近高原地帶的奠邊府構築陣地。1954年3月13日，越盟軍發動攻擊，開啟「奠邊府戰役」。法越兩軍皆視奠邊府為決戰場，持續激戰約2個月。最後，奠邊府的法軍於5月7日投降，由越盟軍取得勝利。法國經此敗仗，便決定自越南撤退。

■南北分裂

越南民主共和國打贏奠邊府戰役後，便與法國和談，於1954年7月21日簽訂印度支那停戰協定（日內瓦協定）。依此協定，法國決定自越南撤退，同時以北緯17°線為界，讓處於停戰狀態的北部與南部實施自由選舉以促成統一。

1955年10月，吳廷琰於南部就任總統，將越南國的體制轉換為越南共和國。由於吳廷琰政權拒絕執行預定於1956年7月舉行的自由選舉，因此南北越南便以北緯17°線分裂為越南民主共和國（北越）與越南共和國（南越），使印度支那半島情勢迎向新局面。

■美國介入

美國介入越南，始於1950年5月對法軍的支援。該年6月韓戰爆發，前一年10月則有中華人民共和國建國，美蘇對立的東西冷戰態勢業已波及亞洲，美國的介入目的便是為了防止東南亞洲諸國遭到共產黨赤化。印度支那戰爭結束後，美國開始對南越進行援助。1962年，美國於當地成立軍援越南司令部（Military Assistance Command, Vietnam = MACV），進一步提高介入力道。

另一方面，未能進行統一選舉的北越，於1960年12月20日成立越南南方民族解放陣線（National Liberation Fronteb = NLF，以下稱越共），以促成南北統一。他們以打倒南方西貢政府與美國為號召，在南越各地針對南越軍進行游擊戰，並於城市從事炸彈恐怖攻擊。在這種狀況下，1964年8月2日，北越的北部灣海域發生美國海軍驅逐艦與北越海軍巡邏艇交火的「北部灣事件」。因此事件，美國政府要求國會將武力攻擊北越的權限交給總統，最終使得參眾兩院通過了「北部灣決議」。

雖然北部灣事件後來被揭發是

由美國一手策畫，但依此決議，美國已不只能夠提供援助，而是可以直接對越南投入陸海空兵力進行軍事介入。

■越南戰爭

越南戰爭或稱第二次印度支那戰爭，由於當事國之間並未宣戰，因此開戰時期有各種說法。依不同角度解釋，開戰時間點可落在1956年南越建國到1965年美軍開始投入地面部隊之間，在此則以越共成立並正式展開活動的1961年為起點。

北部灣事件後，美國開始進行直接軍事介入，派出空軍與海軍的飛機轟炸北越以及南越境內的越共據點。至於投入除軍事顧問團以外的地面戰鬥部隊，則始於1965年3月派遣陸戰隊登陸南越的峴港。陸軍自9月以後，也開始派遣第1騎兵師、第1步兵師、第101空降師（1個旅）、第175空降旅等地面部隊。至該年底，美軍的總兵力規模已超過18萬人。直到1973年1月美軍全面撤退為止，派至越南的兵力最多超過50萬人。

越戰的特色，在於南越軍與美軍掌控城市，北越軍及越共則掌控山區與地方農村，並無明確戰線存在。有鑑於此，自1966年以後，南越境內各地便持續爆發各種大小戰鬥。

於現地指揮作戰的MACV，依1967年底前的戰果判斷，認為南越具有優勢，抱持樂觀態度。然而，1968年1月，北越軍卻針對南越首都西貢等城市發動大規模攻勢，這場「春節攻勢」將此樂觀論徹底打破。春節攻勢對美國帶來相當大的衝擊，不僅提高國內反戰聲浪，就連政府內部也對是否持續戰爭抱持疑問。除此之外，戰爭傷亡也持續增加，使得春節攻勢成為促使美國自越南撤退的轉捩點。

■美國撤退與戰火擴大

為提倡自越南體面撤退，1969年1月就任美國總統的尼克森，於該年7月25日發表「尼克森主義」。此政策是要讓南越政府自行擔起保衛國家的責任，也就是所謂的越戰「越南化（Vietnamization）」。接著，美軍地面部隊便於8月開始自越南實施階段性撤退。

雖然美軍開始縮小規模，但越戰的戰火卻也擴及至鄰國。1970年3月，柬埔寨的國家元首諾羅敦·施亞努流亡國外，由軍部掌握政權。對此政變，北越為支援反政府勢力紅色高棉，於該月底攻入柬埔寨。南越軍與美軍為了切斷通過柬埔寨境內的胡志明小徑，也在4月26日對柬埔寨發起進攻。此作戰為期不長，美軍於6月便告撤退，但這場進攻卻激化了柬埔寨的內戰。

翌年1月，南越政府軍攻擊寮國境內的胡志明小徑，發動「藍山719作戰」進攻寮國。此作戰開始實施越戰越南化，美軍並未投入地面部隊，僅以飛機支援南越軍。

■巴黎和平談判與戰爭結束

1969年起，美國便與北越反覆展開和平談判，並於1972年有大幅進展。1月27日，兩國簽署巴黎協定，29日，尼克森總統宣告越戰結束，美軍在3月29日前自南越完成撤退。此後，美國對南越的支援銳減，北越軍卻仍接受蘇聯與中國軍援，再加上南越軍士氣嚴重低落，因而無力阻擋北越揮軍南下。

在此期間，北越也著手規劃南越解放作戰。1975年3月10日，北越軍於中部高原地帶發起首場攻勢，該月26日順化失守，29日峴港淪陷，使得南越政府加速崩解。

依北越軍原訂計畫，在想定上需耗時2年才有辦法解放整個南越，但由於進展超乎預期，因此便修改作戰計畫，於4月26日發動「西貢作戰」，為解放西貢展開總攻擊。

自3月攻勢以來，南越軍便於南越各地節節敗退，且民眾也畏懼步步南下的北越軍，陷入一片混亂。當北越軍逼近西貢時，也同樣呈現這種狀況。美國政府眼看西貢勢必淪陷，便於4月28日在西貢展開營救作戰。截至30日，包括美國大使在內的駐越美國人與南越政府要人等，皆自西貢搭乘直升機逃往於北部灣待命的美軍航空母艦，南越政府實質上已土崩瓦解。同日，北越軍開入西貢，楊文明總統宣布投降，南越滅亡，越戰結束。

越南史　戰爭相關年表

1939年	9月1日	第二次世界大戰爆發
1940年	6月21日	法國投降德國
	9月21日	日軍進駐越南北部
1941年	5月19日	越南獨立同盟會（越盟）成立
	7月28日	日軍進駐越南南部
1945年	8月15日	日本政府接受波茨坦宣言，無條件投降
	24日	保大帝退位，阮朝滅亡
	26日	越盟軍進入河內
	28日	越南民主共和國臨時政府成立
	9月2日	胡志明發表越南獨立宣言，
		越南民主共和國建國
	23日	法軍進駐西貢
1946年	11月20日	法軍與越盟軍在海防爆發武力衝突，開啟印度
		支那戰爭
1948年	6月14日	南部成立以保大帝為國家元首的越南國
1949年	9月4日	越盟軍在始於前一年10月的高平攻防戰敗北
1950年	1月14日	中國承認越南民主共和國
	31日	蘇聯承認越南民主共和國
	5月1日	美國開始對法國進行軍事援助
	6月25日	韓戰爆發
1951年	2月	越南勞動黨成立
	1～5月	越盟軍於各地發動攻勢，但卻接連敗北
1952年	1月1日	越盟軍開始進攻和平
	2月22日	法軍自和平撤退
	3～11月	越盟軍的攻勢與法軍的掃蕩作戰持續進行，
		戰況互有進退
1953年	3月5日	史達林去世
	5月8日	亨利・尤金・納瓦爾將軍就任法軍司令官
	7月27日	韓戰停戰
	11月20日	法軍外籍兵團的傘兵團在奠邊府空降
	12月26日	越盟軍在奠邊府周圍配置約4個師，將該地包圍
1954年	3月13日～	
	5月7日	奠邊府戰役
	5月9日	日內瓦會議開始
	7月21日	簽署日內瓦協定
1955年	10月26日	越南共和國成立，吳廷琰就任首任總統
1956年	7月20日	南越政府拒絕舉行日內瓦協定規定的南北統一選舉
1957年	5月8日	吳廷琰總統訪美
	10月	南越各地爆發反政府活動
1958年	12月21日	南越政府發表撕毀日內瓦協定
1959年	1月13日	北越於第15屆越南勞動黨中央委員會擴大總會決議發動武力解放戰爭，打倒南部政權
	7月8日	游擊部隊襲擊邊和基地
1960年	11月11日	南越軍空降部隊發動政變未遂。13日遭鎮壓
	12月20日	越南南方民族解放陣線成立
1961年	1月20日	約翰・F・甘迺迪就任美利堅合眾國總統
	9月18日	越共對福平發動首場大規模攻擊
	11月12日	美國陸軍派遣直升機部隊
1962年	2月8日	美國政府成立軍援越南司令部（MACV）
	3月23日	於平定省設置首個「戰略村」
	12月底前	駐越美軍達1萬3000人
1963年	1月2日	北邑之役。南越政府軍攻擊越共但卻大敗
	5月8日	南越派出政府軍鎮壓抗議政府打壓佛教徒的民眾
	11月1～2日	軍事政變。失勢的吳廷琰總統遭槍殺
	22日	甘迺迪總統遭暗殺。林登・B・詹森副總統接任總統
1964年	1月	包含民間設施在內，越共於城市發動多起無差別恐怖攻擊
	8月2日	北部灣事件發生
	4日	美軍對北越海軍設施進行報復性空襲
	7日	美國國議通過「北部灣決議」
	11月1日	越共攻擊邊和的美國空軍基地
1965年	1月8日	第一波韓國軍登陸越南
	2月7日	越共攻擊波來古的美國軍事顧問團基地
	7～24日	為報復軍事顧問團基地遭襲擊，空、海軍機轟炸北越，實施「火飛鏢行動」
	3月2日	開始首場大規模轟炸北越的「滾雷行動」
	3月8日	3500名美國陸戰隊登陸峴港
	5月3日～12日	美國陸軍首支戰鬥部隊第173空降旅抵達越南。部署於邊和周邊
	6月4日	北越與蘇聯簽署援助協定
	8日	首支澳洲陸軍部隊抵達越南
	9月11日	第1騎兵師抵達歸仁
	11月14～18日	德浪河谷戰役
	12月底前	駐越美軍達18萬4300人
1966年	1月28日	美軍採用搜索並殲滅戰術，開始進行作戰
	3月28日	美國陸軍第25步兵師部署於古芝
	4月12日	B-52實施北越轟炸
	13日	越共襲擊西貢的新山一機場
	11月	駐越美軍超過35萬人，年底達到48萬5300人
	12月16日	美國陸軍第9步兵師抵達越南
1967年	1月8～27日	美軍於「鐵三角地區」實施「雪松瀑布行動」
	2月22日	美國陸軍與南越政府軍以5個步兵師為主力，展開「章克申城行動」
	5月14日	越戰最大規模作戰「章克申城行動」結束。美國發表擊斃越共超過2700人
	10月21日	首都華盛頓召開反戰集會
	11月11日	美國陸軍第101空降師抵達越南
1968年	1月21日	北越軍對美國陸戰隊的溪山基地發動攻擊
	30日	北越軍與越共展開「春節攻勢」，西貢市內的美國大使館等處一時遭到占據
	31日	北越軍開始攻擊順化市區，「順化戰役」爆發
	3月16日	美萊村發生美軍屠殺村民的事件
	4月1日	第1騎兵師對溪山基地展開救援作戰
	14日	第1騎兵師抵達溪山。北越軍撤退，「溪山戰

役」結束

5月13日 美國與北越在巴黎進行第1次和平談判,但因條件不合而破裂

6月27日 美軍宣布放棄溪山基地

8月26日 芝加哥展開萬人規模的反戰示威活動。群眾與警方發生衝突,造成多人受傷,且不少人遭逮捕

12月前駐越美軍達53萬6100人。陣亡者也達到1萬4546人的最大值

1969年 1月20日 理查·尼克森就任總統

30日 美國、北越政府、南越政府、越共代表在巴黎舉行會談

5月10日 美國陸戰隊第9團與陸軍第101空降師在阿紹河谷實施「阿帕契雪行動」

20日 第101空降師占領漢堡高地

6月8日 南越共和國成立臨時革命政府

7月8日 美軍首次撤軍,第9步兵師部份返回美國

25日 發表「尼克森主義」

9月3日 胡志明去世

12月25日 尼克森總統宣布駐越美軍縮減至11萬5000人

1970年 1月 越共對南越城市與基地發動砲擊與直接攻擊
春節停戰過後,3月開始又發生多起攻擊

3月15日 柬埔寨於元首施亞努滯留中國北京時發生政變

18日 美軍轟炸柬埔寨境內的胡志明小徑

4月26日 美軍地面部隊向柬埔寨發動進攻

6月29日 美軍自柬埔寨完全撤退

8月20日 澳洲軍宣布自越南撤兵

10月15日 5萬名美軍返回美國

11月20日 為營救美軍俘虜,特種部隊對山西的戰俘營發動奇襲。但由於俘虜已被移至其他營區,因此撲了空

1971年 2月4日 南越與柬埔寨兩政府軍在「釣鉤」與「鸚鵡嘴喙」地區進行聯合作戰

8日 南越軍進攻寮國,展開「藍山719作戰」
美軍僅派飛機支援

6月13日 紐約時報揭發美國國防部祕密文件,顯示北部灣事件是美國為行軍事介入而策畫的自導自演戲碼

12月25日 至30日為止,實施自「滾雷行動」以來最大規模的北越轟炸

1972年 2月21日 尼克森總統訪中

3月1日 MACV宣布美軍駐越兵力減至12萬4100人

10日 第101空降師撤退

23日 韓國軍最後一支部隊撤退

29日 美軍地面戰鬥部隊撤退完畢

30日 北越軍以4個師的兵力發動突破非軍事區的「復活節攻勢(阮惠攻勢)」

4月1日 越共呼應北越軍攻勢,對南越全土發動攻擊。
此攻勢在廣治、安祿等地持續進行攻防至4月底

5月1日 北越軍占領廣治與三關

9日 為阻止「復活節攻勢」,美國空、海軍發起

「後衛行動」轟炸北越,為地面部隊提供支援,並以水雷封鎖海防港

7月7日 阮文紹總統宣布南越軍規復安祿與廣治

7月以後,廣治省、廣南省、永隆省等處仍由南北越軍持續拉鋸

10月23日 「後衛行動」結束

12月18日～30日 以B-52轟炸機發起「後衛II行動」,再度轟炸北越

1973年 1月7日 重啟巴黎和平會議

15日 尼克森總統下令全面停止轟炸北越

27日 簽署巴黎協定

29日 尼克森總統宣布越戰結束
基於停戰協定,設立越南國際管制監督委員會。南越全土開始停戰,但雙方仍持續交火

2月13日 開始釋放北越與美軍戰俘

30日 美軍地面部隊自越南完全撤退

6月16日 越南全土停戰生效,但南越境內仍有零星戰鬥

8月15日 駐越美國空軍完全撤退

1974年 3月17日 北越軍攻擊崑嵩近郊的南越軍基地。這是自前一年停戰以來最大規模的戰鬥

8月9日 尼克森因牽扯「水門案」辭去總統職位。由傑拉爾德·R·福特接任總統

12月13日 北越軍毀棄巴黎條約。開始對福隆省發動大規模攻勢

18日 越南勞動黨政治局制訂1975年攻勢計畫。
預定在翌年之前解放全越南

1975年 3月10日 北越軍攻擊邦美蜀

13日 邦美蜀淪陷

15日 北越軍向南展開全面進攻

26日 順化淪陷

30日 峴港淪陷

4月1日 歸仁淪陷

9日 南越政府軍在春祿擊退北越軍

21日 阮文紹辭任總統。由陳文香副總統接任

25日 美國的馬丁大使決定離開西貢。
「常風行動」開始。
民間人士開始逃離

27日 陳文香辭任總統,楊文明接任總統

28日 北越軍發動「胡志明戰役」。

30日 北越軍開入西貢市內。同日,楊文明總統透過廣播宣布無條件投降
越戰結束

7

越南的地面戰

1 印度支那戰爭

莫邊府是印度支那戰爭最後的決戰場，法軍配備10輛Ｍ24輕戰車從事防衛戰。這些戰車是靠飛機運抵該地，但由於沒有運輸機能直接裝載整輛戰車，因此必須將戰車分解成180餘組部件輪番空運。

■印度支那戰爭肇始

1945年8月15日，日本決定接受波茨坦宣言，無條件投降，遭日軍占領的印度支那半島，由中華民國軍進駐北部，英軍進駐南部，開始執行解除日軍武裝等戰後處理預備工作。

由胡志明領導，自1941年起便持續從事抗法、抗日活動以謀求獨立的越盟（越南獨立同盟會），當然也不會放過這個機會。1945年9月2日，胡志明發表獨立宣言，建立越南人民共和國，並親自擔任國家主席兼首相。

至於舊宗主國法國，為了重新殖民印度支那，於1946年1月與英軍換防，派遣軍隊進駐南部，但卻賦予柬埔寨與寮國自治權。對於宣布獨立的越南，於該年3月6日簽訂法越預備協定，承認北部（北安南）自治，南部（交趾支那）則交付公投決定。然而，法國卻未遵守協定，於1946年6月扶植成立越南國，將南部完全納入掌控。

此傀儡國家成立後，越盟軍與法軍的對立便急遽惡化。11月24日，法軍對海防的越盟軍設施發動攻擊，使雙方升級至全面衝突。自此之後，意圖維持越南統治權的法國，與追求完全獨立的越盟軍，便展開為期8年的印度支那戰爭。

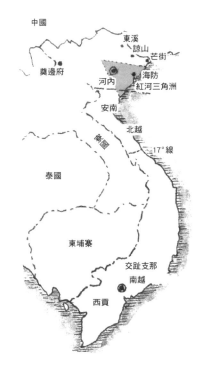

中國
東溪
諒山
芒街
莫邊府
河內
海防
紅河三角洲
安南
寮國
北越
17°線
泰國
柬埔寨
交趾支那
南越
西貢

法軍於1951年編成2支由1個戰車連（以4個排編成，每排配備3輛戰車與2輛半履帶車）與1個配備半履帶車的機械化連構成的裝甲部隊，另以裝甲車連、自走砲排、摩托化攻擊部隊等單位實施機動戰，對抗游擊戰術。

■法軍登場

日本投降後，法軍便由解放巴黎的英雄菲利普·勒克萊爾將軍擔任司令官，編成法國遠東遠征軍，於1945年11月派遣1個裝甲師與1個步兵師至越南。

接續11月的海防衝突，法軍於12月19日正式展開作戰。此作戰持續至1947年2月，法軍占領了峴港、順化等城市。大受打擊的越盟軍則將活動據點自城市移往農村和山區，轉而從事游擊戰。

由配備兩棲車輛的2個螃蟹營（33輛M29C）、3個鱷魚營（11輛LVT-4）、1個火力支援排（6輛LVT（A）-4）編成的部隊，可善用車輛特性，投入紅河三角洲等處的河川與沼澤從事戰鬥。

此時期雙方地面戰力為武元甲率領的越盟軍約5萬人對上法軍約10萬人，不只士兵數量，法軍就連武器也都遠勝於越盟軍。

■越盟軍增強

印度支那戰爭的主戰場在於北部地區，法軍掌控以河內、海防為中心的紅河三角洲城市，對越盟軍進行掃蕩。對此，越盟軍則以中越邊境為據點，採游擊戰術與之對抗。

至開戰後第3年為止，法軍皆持續維持優勢，但1949年以降，中國與蘇聯開始對越盟軍展開援助之後，越盟軍的戰力便開始增強。越盟軍善用地利從事游擊戰，使法軍傷亡與日俱增，再加上法國國內政情不穩，且又停止加派部隊赴越，導致軍心受到影響，士氣相當低落。

■美國援助與戰鬥激化

到了1950年，法軍為了應付越盟軍的游擊戰，決定改變戰術，重新整理分散各地的據點，將兵力集中於老街、東溪、諒山等城市。兵力增強的越盟軍，於1950年9～10月開始對這些據點展開大規模攻勢，結果使得法軍於12月被打退至紅河三角洲地區重新建立防線。

美國於1950年5月開始對印度支那的法軍進行援助，雖然獲

對於未具備有效反戰車武器的越盟軍而言，法軍的裝甲部隊是很強大的戰力，越盟軍只能以繳獲的地雷或土製炸彈與之對抗。等蘇聯、中國開始提供兵器之後，才有辦法展開反擊。

法國陸軍的精銳部隊，由招募自外國的志願兵組成，甚至有前德國SS隊員加入。

得美援的法軍曾於1951年10月搶回一些被越盟軍占領的城市，但也只是暫時性勝利，翌年又陷入一進一退的拉鋸戰。

1953年4月，越盟軍進攻寮國。法軍為了殲滅越盟軍並切斷其補給線，在靠近寮國邊境的奠邊府建立據點，準備迎戰。

■奠邊府攻防戰

1953年5月，就任印度支那派遣軍司令官的亨利‧納瓦爾將軍，為切斷敵補給線，將部隊重新編成，訂立以增強本地人部隊、強化掃蕩作戰為主軸的「納瓦爾計畫」，並以此發動作戰，企圖一舉打破惡化的狀況。

法軍的作戰於11月20日空降奠邊府，於當地整備機場，並以機場跑道為中心，在3km範圍內構築9個陣地，總共配置1萬6000名士兵、10輛M24戰車，以及68門火砲。在此期間，越盟軍則切斷奠邊府的地面補給線，並在能俯瞰法軍陣地的周圍山區配置128門火砲與4萬4000名官兵，將法軍包圍。

越盟軍於1954年3月13日發起總攻擊，法軍雖在空軍支援下奮力抵擋越盟軍進攻，但各陣地仍陸續遭攻破。5月7日，被越盟軍包圍的法軍宣告投降，最後陣地失陷，奠邊府戰役結束。

7月21日，日內瓦協定簽訂，法國自越南撤退，結束戰爭。然而，越南卻以北緯17°線為DMZ（非軍事區），分裂為越南人民共和國（北越）與越南國（南越），並持續至之後的越戰。

《法國印度支那軍》

印度支那的法軍是以殖民地部隊作為主力，除了法籍志願兵外，還有來自越南本地與阿爾及利亞等非洲殖民地的部隊。

《越盟軍》

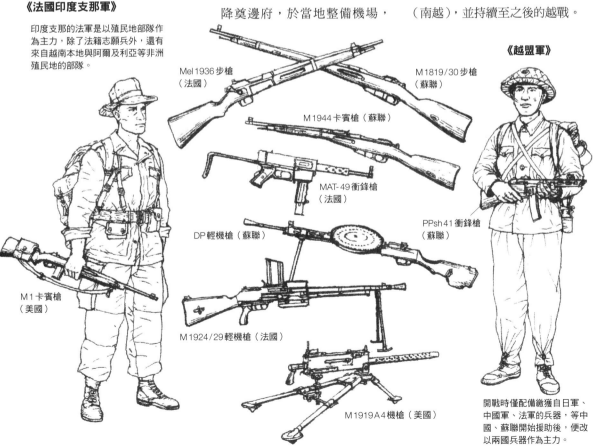

Mel 1936 步槍（法國）

M1819/30 步槍（蘇聯）

M1944 卡賓槍（蘇聯）

MAT-49 衝鋒槍（法國）

PPsh 41 衝鋒槍（蘇聯）

DP 輕機槍（蘇聯）

M1 卡賓槍（美國）

M1924/29 輕機槍（法國）

M1919A4 機槍（美國）

開戰時僅配備繳獲自日軍、中國軍、法軍的兵器，等中國、蘇聯開始援助後，便改以兩國兵器作為主力。

法軍配備的車輛，除了從本國運來二戰時期美國提供的車輛之外，還有戰後美國在越南供應的車輛。

《戰車》

九五式輕戰車

八九式中戰車

二次大戰後，法軍曾暫時用過接收自日軍的車輛。

M5A1斯圖亞特輕戰車

M24霞飛輕戰車
取代M5，成為當地法軍的
主力戰車。

M4 105㎜榴彈砲型

M4A1雪曼中戰車

M31裝甲救濟車

M8自走砲

M36B2傑克森驅逐戰車
將90㎜主砲的砲口制退器改成兩段緩衝型。

《裝甲車》

M20裝甲車

M8灰狗裝甲車

M3半履帶車

M3偵察車

龐阿爾P178B裝甲車

考文垂Mk.I裝甲車
與通用載具一起由英軍提供。

通用載具

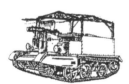

《兩棲車輛》

M29鼬鼠
法軍稱之為螃蟹。

LVT-4鱷魚

在LVT-4上搭載
火力支援用波
佛斯40㎜機砲
的改造型。

LVT（A）-4
搭載75㎜榴彈砲的火力支援型

2 越南戰爭

M113裝甲運兵車雖然被嫌防護力不足，但在水田與沼澤較多的越南戰場卻是不可或缺的車輛。美軍M113遭受損失的原因為地雷40％、反戰車武器（RPG-2或RPG-7）30％、其他30％。

■越戰的背景

日內瓦協定後的越南國，由唯恐南部赤化的反共主義人士與民族主義人士等勢力在美國支持下讓元首保大帝退位，於1955年10月將國名改成「越南共和國」，以吳廷琰為首任總統。

吳廷琰總統不僅取消日內瓦條約規定的南北統一選舉，對北越採取對立姿態，也對佛教徒等國內對立勢力進行壓迫，具有強烈獨裁色彩。為此，反政府游擊衝突日益激化，1960年12月，越南南方民族解放陣線（以下稱越共）成立。翌年，北越開始援助越共，讓他們為祖國統一正式展開武裝鬥爭。

吳廷琰政權除了政策具獨裁性，政府內部也充斥貪汙腐敗，因此不僅是國民，連軍方也對其不滿，於1960年與1962年發動2次政變。雖然這些政變皆迅速遭到鎮壓，但政情仍舊混亂，並失去美國政府信用。1963年11月1日再度發生政變，吳廷琰總統遭到殺害。然而，越南的混沌卻依舊持續，與越共的戰鬥也日益激化。

■南越軍的裝甲部隊

印度支那戰爭期間的1952年，裝甲兵學校於西貢近郊的守德成立，開始進行軍事教育。翌年開始派遣軍官前往美國陸軍裝甲兵學校留學（於美國的諾克斯堡基地受訓，至1973年共派訓

《越共士兵》

《南越陸軍士兵》

712名南越軍人），並以首屆畢業生為骨幹，於1955年4月成立裝甲司令部。裝甲部隊的兵力是由4個裝甲團編成，第1至第4軍作戰區各配置1個裝甲團。

由於裝甲部隊是南越軍的強大戰力，因此多會與政變扯上關係，政變的結果甚至取決於裝甲部隊倒向哪一邊。

■美軍正式參戰

北部灣事件翌年的1965年3月8日，美國陸戰隊派出2個營（3500人）的地面戰鬥部隊登陸南越的峴港，目的是為了保衛峴港的航空基地。為了攻擊基地周圍的越共據點，陸戰隊於翌月開始從事直接戰鬥。後來陸軍也跟著派遣部隊，兵力規模在年底之前超過18萬人。

美軍投入地面部隊之後，越共的活動曾暫時趨緩，等從北越獲得2萬人增援，才又不斷對城市展開攻擊，戰鬥也達到團級規模，從游擊戰升格為正規戰。

《M24霞飛輕戰車》

1960年代初期的主力戰車。M41開始配備後轉為據點防禦用。

《M41華克猛犬輕戰車》

1965年取代M24成為主力戰車。

CH-47契努克式
大型運輸直升機
48架

UH-1B伊洛魁式通用直升機
287架

OH-6卡尤塞式觀測直升機
93架

第1騎兵師的直升機

北部灣

北緯17°線

溪山
廣治
老村
富牌
峴港

第1軍作戰區

廣義

南

海

第2軍作戰區

伊阿

波來古

中部高原

德浪河谷

歸仁

第3軍作戰區

邊和

春祿

西貢

湄公河三角洲

第4軍作戰區

泰國

寮國

柬埔寨

湄公河

■越戰簡史1

1960年底		游擊戰激化，南越民族解放陣線成立
1961年	1月	蘇聯、中國擴大支援北越
1962年	2月	美國成立軍援越南司令部（MACV）
	3月	越共的恐怖攻擊激化
		美軍直升機在作戰中發揮威力
1963年	1月	越共於北邑戰役大敗南越軍
		南越政府與佛教徒對立激化
	11月	吳廷琰政權被政變推翻
1964年	6月	魏摩蘭將軍就任駐越美軍司令官
	8月	北部灣事件
		美國海軍與北越海軍交戰
		美軍開始轟炸北越
		美國國會通過北部灣決議
1965年	1月	韓國對越南派遣陸軍部隊
	2月	美國空軍開始正式轟炸北越
	3月	美國陸戰隊登陸峴港

美國陸戰隊的裝甲車輛

雖然美軍內部有意見認為在越南打游擊戰不需要戰車，
不過陸戰隊仍將戰車部隊納入編組登陸峴港。

《M 48 A 3 巴頓戰車》

《LVTE-1 兩棲工兵車》

車體上方裝有爆破清除雷區用的爆導索投射器，
車體前面裝有排除地雷用的除雷鏟。

《M 50 A 1 盎圖斯》

配備6門M40 106mm無後座力砲的自走砲。

《LVTH-6 兩棲砲車》

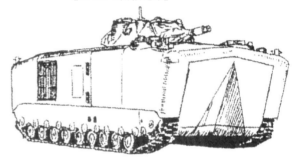

迴旋砲塔配備105mm榴彈砲。

《LVTP-5 兩棲運兵車》

履帶式兩棲裝甲人員、貨物運輸車。
美軍士兵稱其為「沼鼠」。

《M 53 155mm自走砲》

配備M48加農砲的自走砲。

《LVTR-1 兩棲救濟車》

配備吊架與絞盤的車型。

《M 76 水獺》

兩棲運輸車。

M113裝甲運兵車

M113一開始是配備汽油引擎，但為了增加航程與防止中彈後起火，於1964年開始生產使用柴油引擎的M113A1改良型。

說到越戰的AFV，首先會聯想到的無非就是M113裝甲運兵車。M113於1961年1月獲得採用，不僅可以水陸兩用，還能從運輸機空投，材質多採用當時最新的鋁合金裝甲。南越軍也有配備此型車，在美軍派遣地面部隊之前投入實戰。歷經戰鬥之後，雖然它也呈現一些弱點與缺點，但透過武裝強化與修正運用戰術便能加以彌補。M113是機械化步兵部隊的主力，持續用於機動作戰。

由於車載機槍沒有防盾，因此車長常遇害。

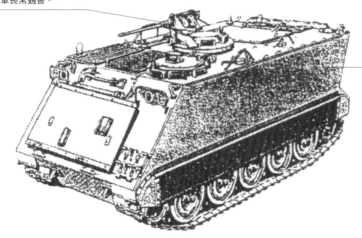

車體沒有槍眼，無法自車內射擊。

M113族系

《M125 81mm迫擊砲車》

《XM741（M163）VADS》

配備20mm火神砲與目標追蹤雷達的防空砲車。

《M113裝甲騎兵突擊車（ACAV）》

為了保護車長，於展望塔四周包覆裝甲板，頂門蓋左右也加裝附防盾的M60機槍，以增強支援火力。

《M548貨物運輸車》

《M106 107mm迫擊砲車》

《M132火焰噴射車》

車長展望槍塔配備火焰噴射器與機槍。

《M113A1輕偵察車（澳洲陸軍）》

車長展望塔使用凱迪拉克·蓋集公司的T50槍塔（配備2挺M1919機槍）。

《M577裝甲指揮車》

《M806裝甲救濟車》

《M113FSV（澳洲陸軍）》

裝上薩拉丁裝甲車砲塔的火力支援車型。

《M113裝甲架橋車》

《M113裝甲野戰救護車》

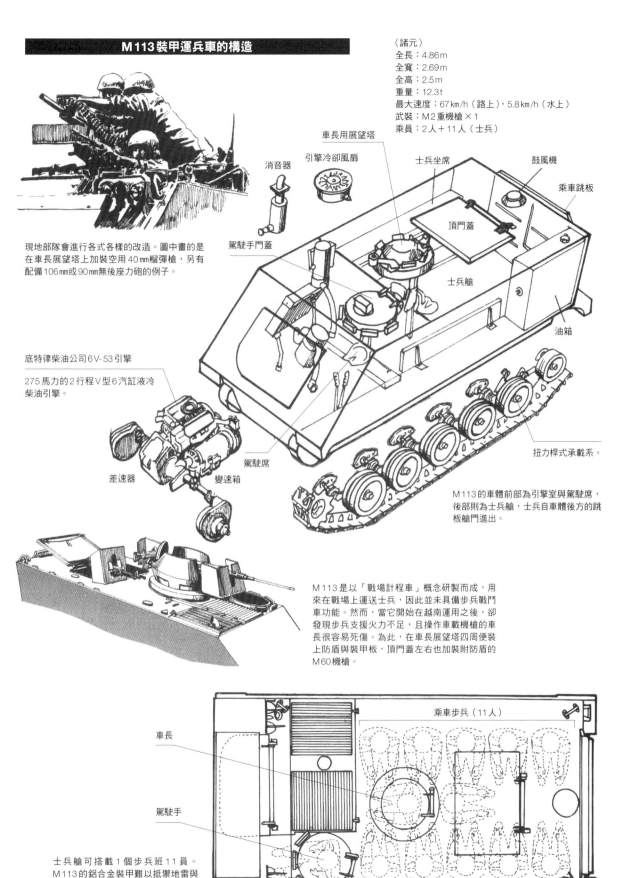

M113裝甲運兵車的構造

〈諸元〉
全長：4.86m
全寬：2.69m
全高：2.5m
重量：12.3t
最大速度：67km/h（路上），5.8km/h（水上）
武裝：M2重機槍×1
乘員：2人＋11人（士兵）

現地部隊會進行各式各樣的改造。圖中畫的是在車長展望塔上加裝空用40mm榴彈槍，另有配備106mm或90mm無後座力砲的例子。

消音器
引擎冷卻風扇
車長用展望塔
士兵坐席
鼓風機
乘車跳板
駕駛手門蓋
頂門蓋
士兵艙
油箱

底特律柴油公司6V-53引擎

275馬力的2行程V型6汽缸液冷柴油引擎。

差速器　　變速箱
駕駛席

扭力桿式承載系。

M113的車體前部為引擎室與駕駛席，後部則為士兵艙，士兵自車體後方的跳板艙門進出。

M113是以「戰場計程車」概念研製而成，用來在戰場上運送士兵，因此並未具備步兵戰鬥車功能。然而，當它開始在越南運用之後，卻發現步兵支援火力不足，且操作車載機槍的車長很容易死傷。為此，在車長展望塔四周便裝上防盾與裝甲板，頂門蓋左右也加裝附防盾的M60機槍。

乘車步兵（11人）

車長

駕駛手

士兵艙可搭載1個步兵班11員。
M113的鋁合金裝甲難以抵禦地雷與RPG-2等單兵攜行式反裝甲武器，因此移動時乘員大多不會待在車內，而是坐在車頂。

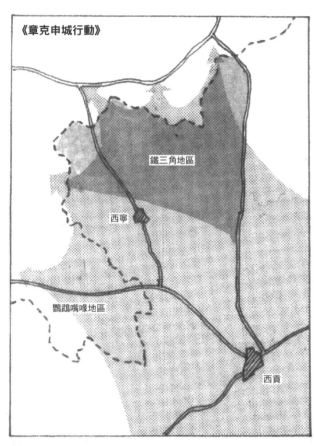

《章克申城行動》

鐵三角地區

西寧

鸚鵡嘴喙地區

西貢

越南國土南北狹長、地勢多變，就算是在南越境內，也有叢林、沼澤、具起伏的高原地帶等，每處地勢皆不相同。美國陸軍原本認為這些地勢不適合機械化部隊運用，但後來則發現機械化步兵部隊配備的M113十分有效，因此又引進強化武裝的裝甲騎兵突擊車型，以從事機動戰。

■章克申城行動

1967年2～5月，美軍以第1步兵師與第25步兵師為主力，人數約3萬，南越軍則派出1個步兵師與1個陸戰旅共14000人，在號稱「鐵三角地區」的越共統治地帶執行的最大規模作戰。為了殲滅越共，第173空降旅實施傘降，第11裝甲騎兵團的裝甲車輛也發動攻擊。此作戰美軍陣亡282人，損失戰甲車24輛、直升機4架等。

■柬埔寨入侵作戰

為了切斷位於柬埔寨境內的胡志明小徑，美軍與南越軍於1970年4月29日～7月22日執行的作戰。美軍與南越軍動員約10萬兵力，自「鸚鵡嘴喙地區」至「釣鉤地區」跨越邊境進攻柬埔寨，襲擊越共據點。至作戰結束為止，共繳獲約2萬件武器與超過17000t的糧食、軍需品。這場作戰有投入美軍的第11裝甲騎兵團、南越軍裝甲騎兵1個團與4個連等裝甲部隊。

《車輛陷入河川或沼澤、土堤等處時的拖救法》

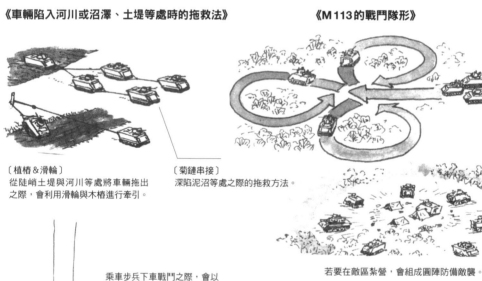

《M113的戰鬥隊形》

〔三葉草隊形〕
機械化步兵連的前進隊形，會依地形與狀況而有多種模式。越戰時期在叢林或灌木叢前進之際，會採用這種隊形。1個連由3個排編成，各排會以畫圓方式進行索敵、前進。

〔植樁＆滑輪〕
從陡峭土堤與河川等處將車輛拖出之際，會利用滑輪與木樁進行牽引。

〔菊鏈串接〕
深陷泥沼等處之際的拖救方法。

乘車步兵下車戰鬥之際，會以車載武器提供支援。

若要在敵區紮營，會組成圓陣防備敵襲。

配備7.62mm M134迷你砲的M113。為了支援步兵，現地部隊單位會進行各種改造。

3 1968年轉捩點

陸戰隊為保衛溪山基地，配備6輛M48巴頓戰車、2輛M24清道夫防空砲車、6輛M50A1盎圖斯無後座力自走砲。

■春節攻勢與溪山攻防戰

美軍投入地面部隊開始正式交戰，在1968年達到最高潮，而該年也是越戰的轉捩點。

美國政府與駐越司令部在1967年底依據先前執行的多場作戰結果，宣布戰況正朝有利方向發展。然而，北越與越共此時卻在策畫一項大規模攻勢，將這種樂觀論徹底打破。

越南的農曆新年期間，直到前一年為止都會在過年前後停戰48小時。該年雖然也宣布自1月29日起停戰，但是到了30日凌晨，北越軍與越共卻突然對南

越全境主要城市與基地展開大規模攻勢。這場後來被稱作「春節攻勢」的奇襲，在首都西貢爆發了城鎮戰，越共一度占領美國大使館，且北越軍也在同時占領了順化。戰鬥在西貢市內一直持續到2月14日，順化則在市中心打了大約1個月的城鎮戰。北越軍與越共動員約8萬人參與這場攻勢，死傷約4萬人，攻勢在2月下旬告終。

除了城市以外，靠近DMZ的美國陸戰隊溪山基地也被北越軍包圍，這場看似將成「第二次奠邊府」的攻防戰持續了6個月之久。

雖然共軍陣營蒙受重大損失，但原本樂觀的美國卻也因此失去威信。除此之外，西貢等處的戰役也透過電視轉播在美國國內以近乎同步的形式加以報導，對美國民眾造成莫大衝擊，促使反戰聲浪進一步高漲。

■卡車部隊戰役

打仗不能沒有軍需補給，而在越戰期間，主要運輸手段仍比照以往戰爭，是靠載重卡車來執行。

運抵金蘭灣軍港與航空基地的物資，會透過後勤部隊的運輸連

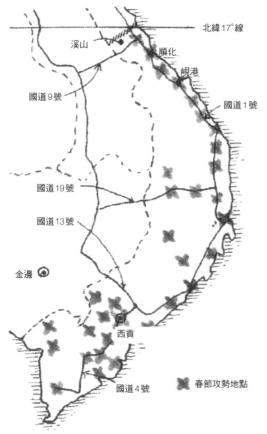

北緯17°線
溪山
順化
峴港
國道9號
國道1號
國道19號
國道13號
金邊
西貢
國道4號
■ 春節攻勢地點

運送至各處基地，而這些運輸部隊自然也會成為越共的目標。運輸隊會由憲兵隊的車輛保護，但像M151那種沒有裝甲的輕武裝車輛，若遭越共伏擊根本無力抵擋，因此需要更強的保護。有鑑於此，運輸連會在現地改造出一種稱為「武裝卡車」的車型。這是在M35或M54等載重車的駕駛室與車斗加裝簡易裝甲板，並架設多挺M2機槍或M60機槍等武器，每10輛就會配置1輛武裝卡車以保護車隊。另外，憲兵隊也會將M151改造成簡易裝甲型，並且配備M706（V-100）突擊隊裝甲車，以對抗敵人攻擊。

美軍的卡車與護衛車輛

《護衛車輛》

M8灰狗裝甲車
南越軍使用。

M706E2突擊隊裝甲車
開頂式車型

M706突擊隊裝甲車
備有2挺7.62mm機槍
槍塔的車型

M38A1 1/4t指揮車

M151 1/4t指揮車

M151A1 1/4t指揮車
M151的改良型

《載重卡車》

M37 3/4t載重車

M715 1 1/4t載重車

M35 2 1/2t載重車

M54 5t載重車

《武裝卡車》

改造自M37的裝甲載重車

改造自M715的裝甲載重車

改造自M35或M54載重車的車型

擁有重武裝，又稱「武裝卡車」。

搭載配備M2重機槍與M60機槍各一挺。

搭載配備四管M2重機槍的M45防空機槍塔。每連配備3～6輛。

搭載M2重機槍×2
M60機槍×2。

M151武裝吉普車
現地改造的簡易裝甲型

4 美軍撤退與戰爭結束

1969年，尼克森就任美國總統，他與北越展開和談，並讓美軍階段性撤退，由南越自行保衛國土，實施越戰「越南化」政策，讓美國政府的越南政策開始轉換。1973年1月，巴黎和平協定簽署後，接任尼克森的詹森總統宣告戰爭結束，美軍自越南完全撤退。

此後，南越便單獨迎戰北越，但軍心士氣變得相當低落，北越軍趁勢連戰連捷，陸續解放各城。1975年4月14日，北越對南越展開最後一場大規模攻勢，加速南越土崩瓦解。該月30日，北越軍占領西貢，越南戰爭結束。

■越戰簡史2

1968年	1月	春節攻勢
	5月	巴黎和平談判準備會議
		美國政府宣布階段性撤軍
		共軍展開第二次攻勢
	10月	全面停止轟炸北越
1969年	1月	第1次巴黎和平談判開始
	5月	部分美軍開始撤退
		發表越南化政策
1970年	3月	北越軍進攻柬埔寨
	5月	美軍與南越軍進攻柬埔寨
1971年	1月	南越軍進攻寮國
1972年	3月	北越軍進攻南越（復活節攻勢）
	4月	重啟轟炸北越
1973年	1月	簽署巴黎和平協定
	3月	美軍撤退完畢
1974年	5月	共軍展開攻勢。美國未介入
1975年	1月	共軍展開大規模攻勢
	4月底	西貢淪陷，越戰結束

越戰的戰車戰

■PT-76首次上陣

1968年2月7日夜間，北越軍襲擊南越軍特種部隊位於溪山西南方4km的老村基地。此次攻擊約有10輛PT-76兩棲戰車參與，為北越軍首次在南越境內使用戰車的戰役。

■PT-76 vs. M48

北越軍與美軍的戰車戰發生於1969年3月3日，北越軍協同PT-76襲擊特種部隊的本赫特基地。防守基地的美軍配有1個裝甲營，隸屬該部隊的M48戰車展開反擊，摧毀2輛PT-76。這場戰鬥是越戰期間美軍M48執行的唯一一場反戰車戰鬥。

■南越軍的戰車戰

南越軍為打擊寮國境內的北越軍補給線，於1971年2～3月實施「藍山719作戰」。北越軍投入裝甲團的戰車抵擋南越軍進攻，發動反擊作戰。

在此作戰期間，北越軍損失17輛PT-76與6輛T-54戰車，而南越軍則損失3輛M41戰車與25輛M113裝甲運兵車。

■越戰最大的戰車戰

1973年3月30日，北越軍開始對南越展開「復活節攻勢」，於廣治戰役合計投入200輛

T-54與PT-76。數量屈居劣勢的南越軍雖然各損失2輛M41輕戰車與M48戰車，但在攻勢開始的1週之內，卻也擊毀6輛T-54與16輛PT-76。

另外，北越軍在此攻勢的海雲關戰役也投入AT-3反戰車飛彈，從事反戰車戰鬥。攻勢開始1個月後，南越軍因敵戰車與反裝甲武器攻擊，損失了30輛M41與M48。

■最後一役

北越軍在以占領西貢為目的的「胡志明戰役」投入600輛戰鬥車輛（其中包括主力T-54戰車250輛），南越軍對此則以M41與M48（各200輛）應戰，但由於士氣低落，不是遭到擊毀，就是投降或逃亡，狼狽結束最後一役。

越戰結束後，北越軍接收了580輛M41與M48，以及1200輛M113。

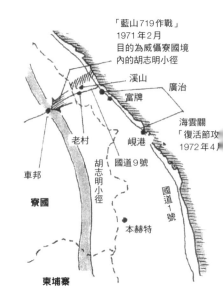

「藍山719作戰」
1971年2月
目的為威懾寮國境內的胡志明小徑

溪山
廣治
富牌
海雲關
「復活節攻勢」
1972年4月
老村
峴港
國道9號
胡志明小徑
寮國
國道1號
車邦
本赫特
柬埔寨

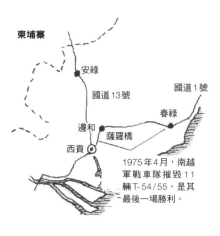

柬埔寨
安祿
國道13號
國道1號
春祿
邊和
薩羅橋
西貢

1975年4月，南越軍戰車隊摧毀11輛T-54/55，是最後一場勝利。

《M48A3 巴頓戰車》

《M577 裝甲指揮車》

《M113 裝甲騎兵突擊車》

《M48的槍塔變化》

A1與A2搭載的槍塔。

自A3開始在槍塔下方加裝可以環視四周的周視鏡。

在槍塔上方加裝槍架，以對付敵步兵。

《M60 AVLB》

利用M60戰車底盤製成的履帶機動橋。於底盤上方搭載摺疊橋，可在河川或溝渠等處架設18m的橋樑。

《M728（T118E1）戰鬥工兵車》

以M48戰車的後繼主力戰車XM60為基礎研改的車型。除了配備吊架與推土鏟外，還有破壞障礙物用的M135 165mm除障砲。

《M88 裝甲救濟車》

《M578 輕型裝甲救濟車》

《M48DB》

裝有推土鏟的M48。

配備掃雷滾輪E202 ENSURE的M48。

《M67 火焰噴射戰車》

士兵稱其為「Zippo」。

《M59（M2）155mm加農砲》

外號「長腳湯姆」的重砲，二次大戰也曾使用。
最大射程：23500m
發射速度：2發／分

《M102 105mm榴彈砲》

為了空運而採輕量設計的當時最新型榴彈砲。
最大射程：11500m
發射速度：6發／分

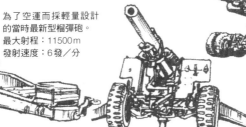

《M114（M1）155mm榴彈砲》

最大射程：14600m
發射速度：4發／分

《M101（M2A1）105mm榴彈砲》

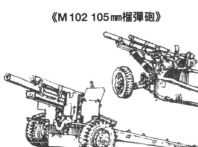

最大射程：11000m
發射速度：3發／分

《UH-1D/H伊洛魁式》

《AH-1眼鏡蛇式》
反戰車攻擊直升機。

《CH-47契努克式》
縱列雙旋翼型大型運輸直升機。

《CH-4海騎士式》
陸戰隊使用的
運輸直升機。

《UH-1B伊洛魁式》
又稱砲艇機的武裝直升機。

《CH-3莫哈韋式》
大型運輸直升機。

《CH-54空中吊車式》
搬運重物用的大型
直升機。

《M114裝甲偵察車》
車體輕巧，可由飛機空投，但卻不適合在越南的
崎嶇地形行駛，因此後來就被汰除。

《HH-3E綠巨人式》
空軍用於搜索救難任務的大型直升機。

《M551謝爾登式》
採用鋁合金裝甲的兩棲空降戰車，主砲可發射橡木棍反戰車飛彈，是當
時的最新兵器。

《M24清道夫式》
配備40mm機砲的防空砲車，在越南也於地面掃
射發揮威力。

《M56蠍式》
配備90mm砲的空降部
隊用反戰車自走砲，在
越南配備於第173旅。

《M548履帶運輸車》
用來運送砲彈，會
伴隨自走砲。

《M109 155mm
自走榴彈砲》

最大射程：24000m
射速度：2發／分

《M110 8吋（203mm）
自走榴彈砲》

最大射程：16800m
射速度：2發／分

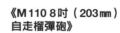

最大射程：12000m
發射速度：3發／分

最大射程：32700m
射速度：2發／分

《M107 175mm自走加農砲》

《M108 105mm自走榴彈砲》

南越軍的裝甲車輛

主力戰車由美國供應，依年代以M24、
M41、M48順序更新。

《M113裝甲騎兵突擊車》

《M41A3華克猛犬輕戰車》

《M24霞飛輕戰車》

《M48A3巴頓戰車》

《M113裝甲運兵車》

不只南越軍與美國陸軍，除菲律賓以外，
有派陸軍參與越戰的各國皆會使用。

澳洲陸軍的裝甲車輛

《百夫長Mk.V》

《M113FSV》

派遣54輛，但未與北越軍戰車交戰。

《雪貂Mk.II偵察車》

《M113A1輕偵察車》

美軍vs.北越軍 單兵攜行式反裝甲武器

《M72LAW》

美軍、南越軍使用的
一次性反戰車武器。

《RPG-2》
RPG-2可重新裝填彈頭。

《RPG-7》
除了反戰車，也能用來摧毀敵陣地與建
築物。

	M72	RPG-2	RPG-7
口徑	66mm	40mm	40mm
彈頭直徑	66mm	82mm	85mm
最大射程	150m	150m	500m
全重	2.37kg	4.67kg	9.25kg
裝甲貫穿力	300mm	180mm	320mm

北越軍的裝甲車輛

裝甲部隊配備蘇聯與中國提供的裝甲車輛，編成4個裝甲團。

《PT-76兩棲戰車》

蘇軍為機械化步兵部隊與偵察部隊研製的火力支援車，是款配備76mm砲的輕戰車。由蘇聯提供，1968年左右投入南越作戰。

《T-34-85》

蘇聯提供約200輛。據說於1972年左右投入實戰，但不知是否與南軍交戰。

《63式兩棲戰車》

中國製兩棲戰車。配備火力強過PT-76的85mm砲。

《T-54戰車》

後期型裝有排煙器。

配備100mm戰車砲的北越軍主力戰車。不只蘇聯原版，北越軍也有使用中國仿製的59式戰車。

《BTR-50裝甲運兵車》

使用PT-76底盤的運兵車型。

《63式裝甲運兵車》

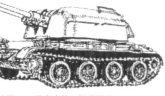

中國首款自製履帶式裝甲車。配備12.7mm重機槍。

《ZSU-57-2防空砲車》

使用T-54戰車底盤，配備雙管S-60 57mm防空機砲的防空砲車。

《65式防空砲車》

中國製造的防空砲車，於T-34戰車底盤搭載雙管65式37mm防空機砲。

《D350重型牽引車》

履帶式重砲牽引車。

《D74 122mm加農砲》

最大射程：23000m
發射速度：8～10發／分

《BTR-40A防空車》

在BTR-40輪型裝甲運兵車上搭載ZPU-2 14.5mm機槍的車型。

美國陸戰隊

美國陸戰隊的奮戰

現在回想起來，越南真是一場有如泥沼的戰爭，實在是糟透了⋯⋯。

這場戰爭自美國軍事介入開始，持續打了15年。「Nam（越南的簡稱）」對陸戰隊來說，是一段吃盡苦頭、染上汙點的歷史。接下來就交給士官長說明吧。

越南民主共和國（北越）

北部灣
順化
峴港
茱萊

寮國

富牌

柬埔寨

越南共和國（南越）

西貢

湄公河三角洲

美國之所以會介入越南，是因為法國自越南抽手。

原本僅有派遣一些軍事顧問團。

然而，共產黨游擊隊的勢力卻有增無減。

「如果不援助南越政府，整個東南亞就會被共黨赤化⋯⋯」，美國提供的武器在質與量上因而逐漸提高。

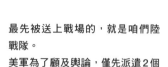

最先被送上戰場的，就是咱們陸戰隊。
美軍為了顧及輿論，僅先派遣2個陸戰營共3500人⋯⋯。

1965年3月，詹森總統以「越南政府請求美國支援」為由，開始派遣地面部隊。

1965年3月8日，上午9時3分
越南共和國峴港 紅色灘頭

※喔——

越南到啦！弟兄們！
越共正等著咱們呢，衝啊!!

萬歲！
萬歲！

熱烈歡迎U.S.陸戰隊。

歡迎來到越南！
美國萬歲!!

…………!?

搞什麼鬼啊，
這到底是怎麼
回事？

不是應該有越共游擊
隊朝我們開火嗎？

也好啦，我倒比較喜
歡這樣。

是日，首批美軍地面部隊第9陸戰團第3營帶著戰車與所有裝備在峴港登陸。

另外，該團第1營則由沖繩搭機抵達。當時這2個營都歸第9陸戰旅指揮。

4月12日，陸戰隊的M53自走砲登陸。當時還有人以為這是「原子砲」（可發射核子砲彈的重砲），引起一陣騷動。

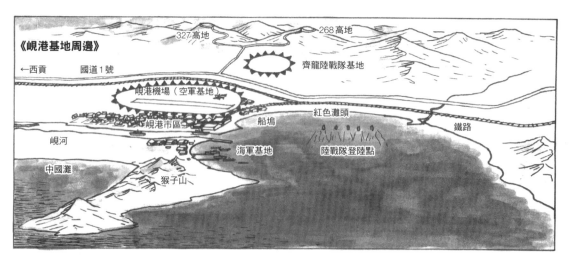

《峴港基地周邊》

←西貢　　國道1號

327高地　　　　268高地

齊龍陸戰隊基地

峴港機場（空軍基地）

峴港市區

峴河

船塢　　　紅色灘頭

海軍基地　　陸戰隊登陸點

鐵路

中國灘　　　　猴子山

到了4月，第3陸戰團第2營也派至峴港，而在越南中部的富牌基地則配置第4陸戰團第3營。

此後，陸戰隊仍持續增兵，截至5月，由第1、第3陸戰師組成的第3兩棲突擊軍團已在南越境內完成布防。

越共第1團約1500人在茱萊南方2.5km的班總地區集結。

據信他們正準備攻擊美軍的前哨基地。

咱們陸戰隊的首次上陣之日終於到啦！

星光行動 1965年8月18~21日

這真是個大好機會，開始發動殲滅越共的星光行動。

咱們訓練了這麼久，就是為了上場打仗，一切皆已準備齊全。

一直在航空基地附近巡邏，無聊死了。在那些傢伙打來之前，就讓咱們先動手吧。

投入作戰的是第1陸戰師第3團，執行登陸作戰。
第12航空隊的攻擊機提供空中支援，讓登陸部隊自半島南方發動進攻，搭乘直升機的部隊則於西方著陸，與朝北挺進的陸路部隊一同夾擊越共，準備來個甕中捉鱉。

茱萊
陸路部隊
M⊠3
紅色LZ
班總
A-4天鷹式攻擊機
G⊠4
NLF
⊠7
2⊠4
安關
3⊠3
E⊠4
白色LZ
南延
登陸進攻部隊
3⊠7
H⊠4
藍色LZ
高地
5輛M48戰車
CH-34直升機
M50
無後座力自走砲
3輛
M67火焰噴射戰車3輛
LVTP-5
兩棲運兵車

8月18日早晨，搶灘後的陸戰隊遭遇越共砲擊。經過數小時激戰，陸戰隊終於鞏固此區。

敵軍抵抗相當猛烈。申請艦砲岸轟。

BABA BA BABA BAP

直升機LZ（降落區）的第4團H連也遭遇攻擊無法前進，只能靠3架砲艇直升機以火力制壓敵軍。待增援部隊抵達後，終於占領敵陣地。

WHOOM

WHOOSH WHOOSH WHOOSH

WHAM

當登陸部隊挺進至安關一帶，越共便以RPG-2對M48戰車發動攻擊。遭到伏擊的陸戰隊將戰車組成圓陣應戰，最後則爆發激烈肉搏戰，雖然成功擊退越共，但雙方皆死傷慘重。

BUDDA BUDDA

WHOOSH!

翌日，美軍占領越共遭包圍的最後陣地，轉而進入掃蕩戰。19日夜晚，越共終於開始後撤。

陸戰隊在星光行動共陣亡45人、受傷203人，但也造成越共陣亡約600人，以勝利作收。然而，這場戰役卻也讓陸戰隊嘗到游擊戰術的厲害。

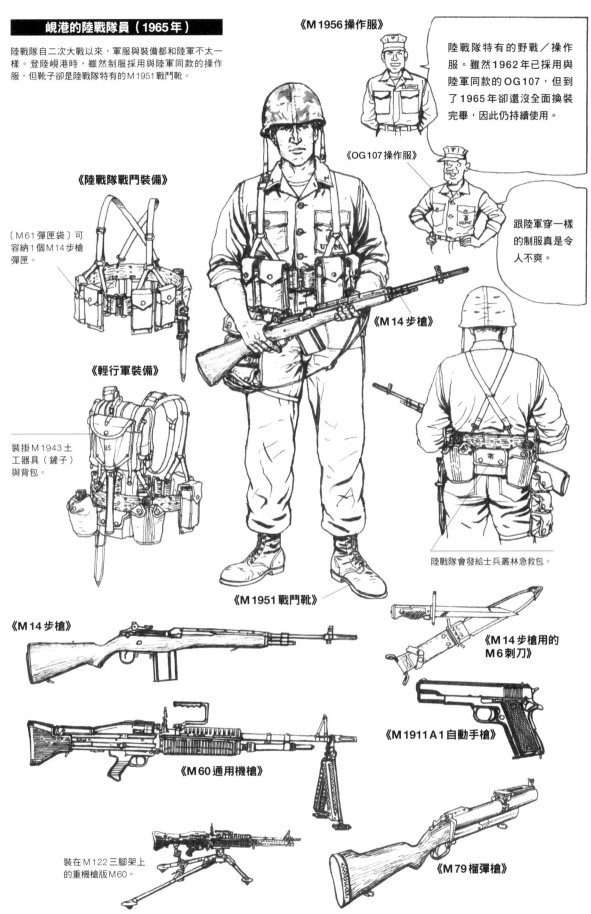

峴港的陸戰隊員（1965年）

陸戰隊自二次大戰以來，軍服與裝備都和陸軍不太一樣。登陸峴港時，雖然制服採用與陸軍同款的操作服，但靴子卻是陸戰隊特有的M1951戰鬥靴。

《M1956操作服》

陸戰隊特有的野戰／操作服。雖然1962年已採用與陸軍同款的OG107，但到了1965年卻還沒全面換裝完畢，因此仍持續使用。

《OG107操作服》

跟陸軍穿一樣的制服真是令人不爽。

《陸戰隊戰鬥裝備》

〔M61彈匣袋〕可容納1個M14步槍彈匣。

《輕行軍裝備》

裝掛M1943土工器具（鏟子）與背包。

《M14步槍》

陸戰隊會發給士兵叢林急救包。

《M1951戰鬥靴》

《M14步槍》

《M14步槍用的M6刺刀》

《M60通用機槍》

《M1911A1自動手槍》

裝在M122三腳架上的重機槍版M60。

《M79榴彈槍》

越南南方民族解放陣線（NFL）

越南南方民族解放陣線簡稱「越共」（Viet Cong，越南共產黨的越語發音），是由以農民為主的民間百姓組成，通常會穿農民服搭配戰鬥裝具。裝備除了由蘇聯、中國供應之外，也會使用繳獲自南越軍的武器。

利用美軍迷彩降落傘布製成的領巾。

《Mle 1936 步槍》

MAT-49 衝鋒槍

米袋

斗篷雨衣
（美軍軍品）

彈帶

水壺
（美軍軍品）

他們總是打著赤腳，
自叢林無聲接近，
並猝然發動攻擊。

胡志明涼鞋

《M1／M2卡賓槍》

《51式自動手槍》
托卡列夫M1933的中國仿製版。

《Mle 1936 步槍》

《53式卡賓槍》

《MAT-49 衝鋒槍》

《56式輕機槍》

《PPSh-41 衝鋒槍》

《K-50 衝鋒槍》

《53式重機槍》

陸戰隊的戰鬥車輛

相對於陸軍認為越南地勢不適合戰車運用，陸戰隊則從一開始就有派出戰車部隊。

《M48A3巴頓戰車》

除了對付戰車之外，還能在叢林與城鎮戰為步兵提供支援。

《LVTP-5兩棲運兵車》

不僅用於登陸作戰，在廣布沼澤與水田的越南內陸也能當作裝甲運兵車使用。

《M50A1盎圖斯無後座力自走砲》

配備6門106mm無後座力砲的反戰車自走砲。用來對付敵陣地也極具威力。

《M53 155mm自走加農砲》

底盤零件與M48戰車通用，搭載M48 155mm加農砲的自走砲。

《M76水獺兩棲運輸車》

車身為鋁製。雖然是履帶車，但承載輪卻使用橡膠輪胎。在沼澤區相當好用。

4輪傳動的小型運輸車輛，能以降落傘空投。除了運送物資外，也有加裝106mm無後座力砲的自走砲型。

《M247 1/2t載重車》

美國陸戰隊的裝甲車輛乘員

乘員制服除了與兵同款之外，也會穿連身服。

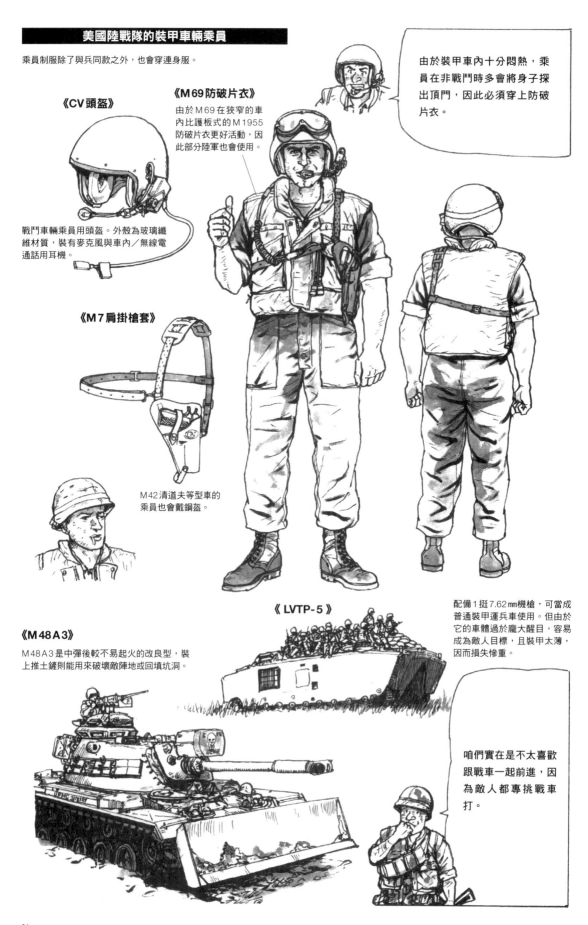

《CV頭盔》

戰鬥車輛乘員用頭盔。外殼為玻璃纖維材質，裝有麥克風與車內／無線電通話用耳機。

《M69防破片衣》

由於M69在狹窄的車內比護板式的M1955防破片衣更好活動，因此部分陸軍也會使用。

由於裝甲車內十分悶熱，乘員在非戰鬥時多會將身子探出頂門，因此必須穿上防破片衣。

《M7肩掛槍套》

M42清道夫等型車的乘員也會戴鋼盔。

《M48A3》

M48A3是中彈後較不易起火的改良型，裝上推土鏟則能用來破壞敵陣地或回填坑洞。

《LVTP-5》

配備1挺7.62mm機槍，可當成普通裝甲運兵車使用。但由於它的車體過於龐大醒目，容易成為敵人目標，且裝甲太薄，因而損失慘重。

咱們實在是不太喜歡跟戰車一起前進，因為敵人都專挑戰車打。

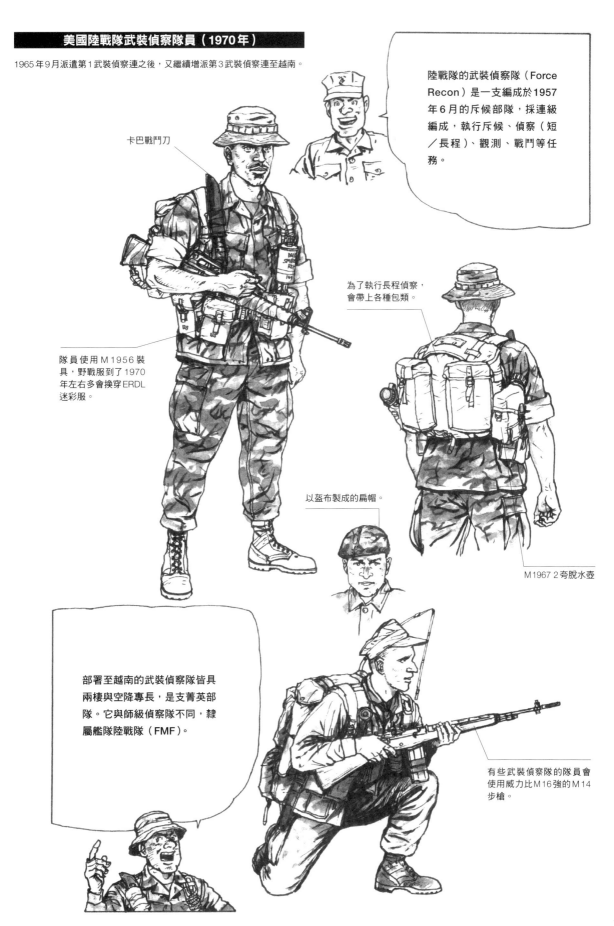

美國陸戰隊武裝偵察隊員（1970年）

1965年9月派遣第1武裝偵察連之後，又繼續增派第3武裝偵察連至越南。

陸戰隊的武裝偵察隊（Force Recon）是一支編成於1957年6月的斥候部隊，採連級編成，執行斥候、偵察（短／長程）、觀測、戰鬥等任務。

卡巴戰鬥刀

為了執行長程偵察，會帶上各種包類。

隊員使用M1956裝具，野戰服到了1970年左右多會換穿ERDL迷彩服。

以盔布製成的扁帽。

M1967 2夸脫水壺

部署至越南的武裝偵察隊皆具兩棲與空降專長，是支菁英部隊。它與師級偵察隊不同，隸屬艦隊陸戰隊（FMF）。

有些武裝偵察隊的隊員會使用威力比M16強的M14步槍。

南越海軍陸戰隊（1970年）

南越海軍陸戰隊（ARVNMC）於1954年成立1個營，爾後規模逐漸增大，於1969年擴編為師。1975年戰爭結束時，麾下有2萬名官兵。南越陸戰隊於1972年共軍發動復活節攻勢之際曾奮勇抗敵，十分善戰。

咱們美國陸戰隊會派遣軍事顧問至南越陸戰隊，穿上與他們相同的軍裝，對官兵進行教育訓練與作戰指導。

身穿虎斑迷彩野戰服。

《美國陸戰隊軍事顧問》

南越軍的扁帽比照法軍向左傾斜配戴。

《迷彩小帽》

設計與美國陸戰隊相同。

《ARVNMC胸章》

《ARVNMC師徽》

韓國海軍陸戰隊（ROKMC）

韓國除了陸軍部隊之外，也派遣1個陸戰旅。

M1952A防破片衣

《ROKMC第2旅徽》

（青龍旅）

韓國海軍陸戰隊成立於1949年4月，在越南發揮韓戰累積的反游擊戰經驗參與作戰，是支精銳部隊。

《ROKMC胸章》

M2卡賓槍

迷彩服使用獵鴨迷彩。

韓國第2陸戰旅於1965年10月部署至第1軍作戰區的廣義，負責防區警備任務。

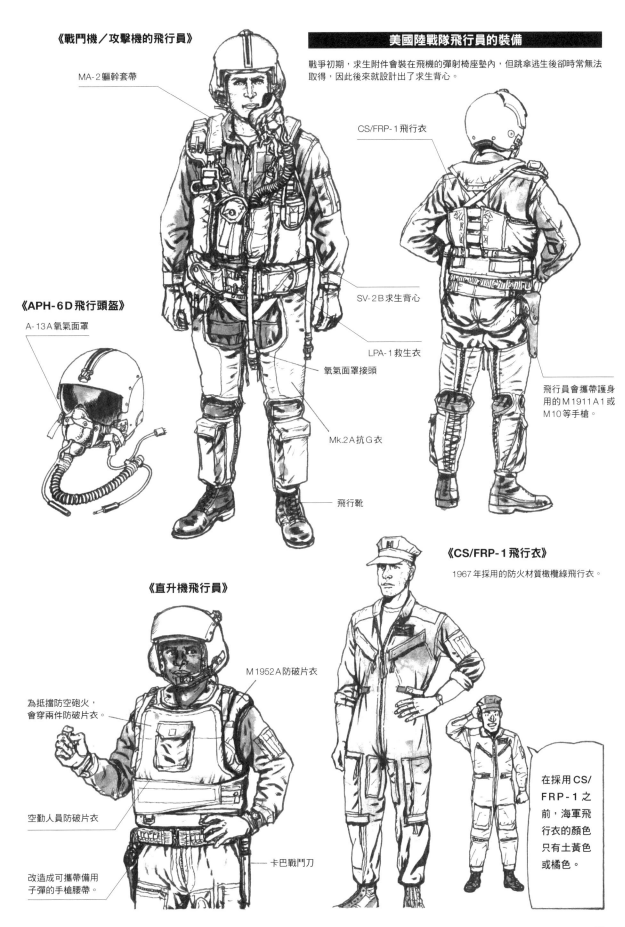

《戰鬥機／攻擊機的飛行員》

MA-2軀幹套帶

戰爭初期，求生附件會裝在飛機的彈射椅座墊內，但跳傘逃生後卻時常無法取得，因此後來就設計出了求生背心。

CS/FRP-1飛行衣

《APH-6D飛行頭盔》

A-13A氧氣面罩

SV-2B求生背心

LPA-1救生衣

氧氣面罩接頭

Mk.2A抗G衣

飛行靴

飛行員會攜帶護身用的M1911A1或M10等手槍。

《直升機飛行員》

M1952A防破片衣

為抵擋防空砲火，會穿兩件防破片衣。

空勤人員防破片衣

改造成可攜帶備用子彈的手槍腰帶。

卡巴戰鬥刀

《CS/FRP-1飛行衣》

1967年採用的防火材質橄欖綠飛行衣。

在採用CS/FRP-1之前，海軍飛行衣的顏色只有土黃色或橘色。

39

美國陸戰隊航空隊

陸戰隊航空隊於1965年派至越南,以峴港、茱萊航空基地為據點,執行轟炸北越與支援地面部隊的任務。VMF＝陸戰隊戰鬥機中隊,VMA＝陸戰隊攻擊機中隊,VMFA＝陸戰隊戰鬥攻擊機中隊,VMCJ＝陸戰隊混合偵察中隊,VMO＝陸戰隊觀測機中隊,HMH＝陸戰隊重型直升機中隊,HMM＝陸戰隊中型直升機中隊,HML＝陸戰隊輕型直升機中隊,HMA＝陸戰隊攻擊直升機中隊,H&MS＝指揮與修護中隊,VMO＝陸戰隊觀測機中隊,VMGR＝空中加油運輸機中隊。( )內為尾翼代號。

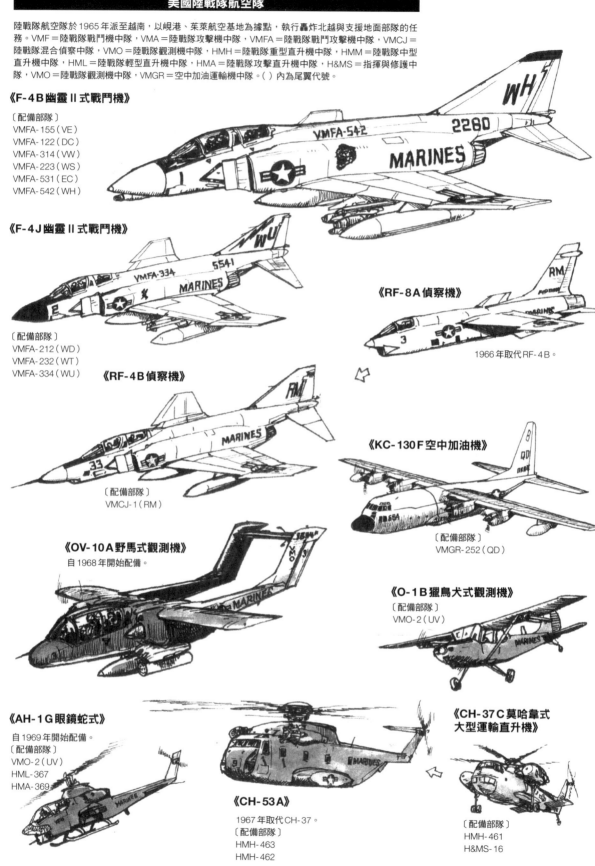

《F-4B幽靈II式戰鬥機》

〔配備部隊〕
VMFA-155（VE）
VMFA-122（DC）
VMFA-314（VW）
VMFA-223（WS）
VMFA-531（EC）
VMFA-542（WH）

《F-4J幽靈II式戰鬥機》

〔配備部隊〕
VMFA-212（WD）
VMFA-232（WT）
VMFA-334（WU）

《RF-8A偵察機》

1966年取代RF-4B。

《RF-4B偵察機》

〔配備部隊〕
VMCJ-1（RM）

《KC-130F空中加油機》

〔配備部隊〕
VMGR-252（QD）

《OV-10A野馬式觀測機》

自1968年開始配備。

《O-1B獵鳥犬式觀測機》

〔配備部隊〕
VMO-2（UV）

《AH-1G眼鏡蛇式》

自1969年開始配備。
〔配備部隊〕
VMO-2（UV）
HML-367
HMA-369

《CH-53A》

1967年取代CH-37。
〔配備部隊〕
HMH-463
HMH-462

《CH-37C莫哈韋式 大型運輸直升機》

〔配備部隊〕
HMH-461
H&MS-16

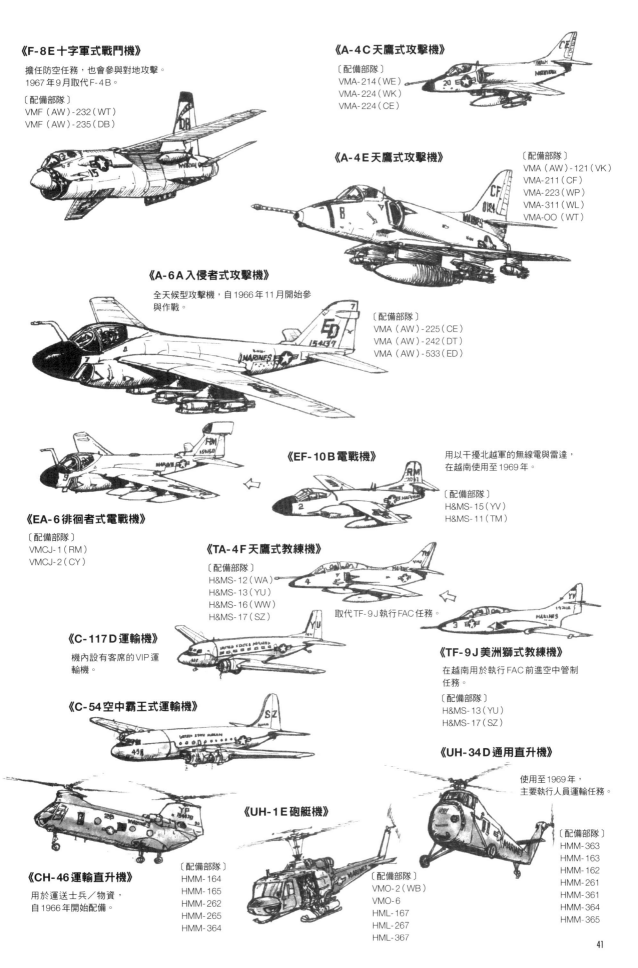

《F-8E十字軍式戰鬥機》

擔任防空任務，也會參與對地攻擊。
1967年9月取代F-4B。

〔配備部隊〕
VMF（AW）-232（WT）
VMF（AW）-235（DB）

《A-4C天鷹式攻擊機》

〔配備部隊〕
VMA-214（WE）
VMA-224（WK）
VMA-224（CE）

《A-4E天鷹式攻擊機》

〔配備部隊〕
VMA（AW）-121（VK）
VMA-211（CF）
VMA-223（WP）
VMA-311（WL）
VMA-OO（WT）

《A-6A入侵者式攻擊機》

全天候型攻擊機，自1966年11月開始參
與作戰。

〔配備部隊〕
VMA（AW）-225（CE）
VMA（AW）-242（DT）
VMA（AW）-533（ED）

《EA-6徘徊者式電戰機》

〔配備部隊〕
VMCJ-1（RM）
VMCJ-2（CY）

《EF-10B電戰機》

用以干擾北越軍的無線電與雷達，
在越南使用至1969年。

〔配備部隊〕
H&MS-15（YV）
H&MS-11（TM）

《TA-4F天鷹式教練機》

〔配備部隊〕
H&MS-12（WA）
H&MS-13（YU）
H&MS-16（WW）
H&MS-17（SZ）

取代TF-9J執行FAC任務。

《TF-9J美洲獅式教練機》

在越南用於執行FAC前進空中管制
任務。

〔配備部隊〕
H&MS-13（YU）
H&MS-17（SZ）

《C-117D運輸機》

機內設有客席的VIP運
輸機。

《C-54空中霸王式運輸機》

《UH-34D通用直升機》

使用至1969年，
主要執行人員運輸任務。

〔配備部隊〕
HMM-363
HMM-163
HMM-162
HMM-261
HMM-361
HMM-364
HMM-365

《CH-46運輸直升機》

用於運送士兵／物資，
自1966年開始配備。

〔配備部隊〕
HMM-164
HMM-165
HMM-262
HMM-265
HMM-364

《UH-1E砲艇機》

〔配備部隊〕
VMO-2（WB）
VMO-6
HML-167
HML-267
HML-367

詭雷與陷阱

越戰時期，除了越共的游擊戰之外，設置於戰場的詭雷與陷阱也充分發揮効用。這種戰術從頭到尾都令美軍傷透腦筋。

注意！你各位混小子們聽好！如果不想變成像右邊這個兵，就給我好好學習越共是如何設置詭雷與陷阱，並牢牢記到腦袋瓜子裡去！

1965 年登陸越南後，在 2 個月內便有約200名陸戰隊員傷亡，其中65%是因為誤觸陷阱或詭雷。

陷阱的種類

《竹刺》

啊！

把削尖的竹子插入叢林小徑，常會搭配絆索運用。

《竹竿陷阱》

哎！

利用竹竿彈力製成的陷阱。若誤觸絆索，竹竿就會彈過來，讓竹刺刺傷人。

眾所皆知，為了抵擋竹刺，美軍會在靴底加上一塊薄鐵板。

哎呀!!

踩到前板後，另一頭的釘板便如翹翹板翻起，刺入胸腔或腹部。

《釘板》

以弓構成的陷阱，若誤觸絆索，毒箭就會射過來。

《弓箭陷阱》

由兩片打滿釘子的木板組合而成。踩到之後，兩片板子就會夾住腳，並且刺入釘子。如果急著抽腿，釘子就會越扎越深。

利用竹筒與橡皮筋製成的射箭陷阱。

《捕熊陷阱》

藏在地下的弓箭。

有些箭上還會綁手榴彈或炸藥。

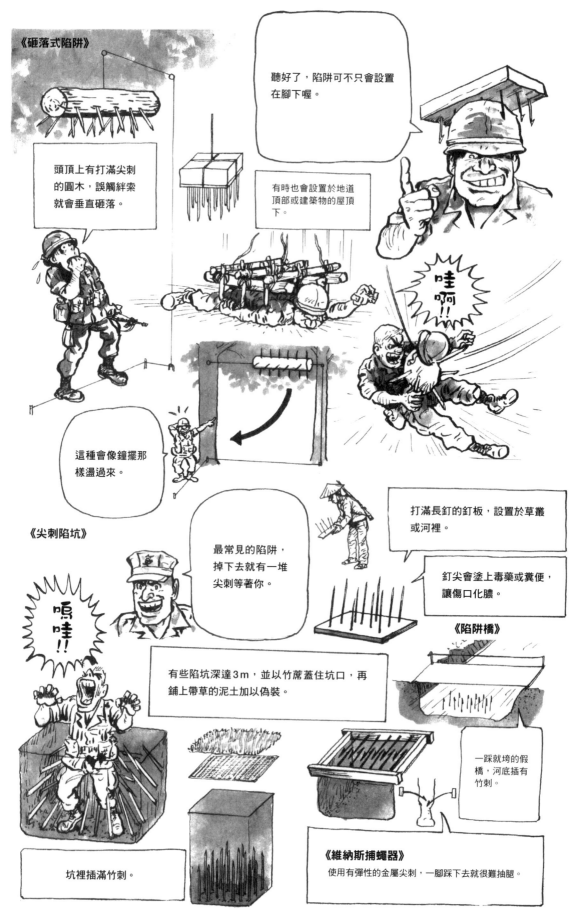

《砸落式陷阱》

聽好了，陷阱可不只會設置在腳下喔。

頭頂上有打滿尖刺的圓木，誤觸絆索就會垂直砸落。

有時也會設置於地道頂部或建築物的屋頂下。

哇啊!!

這種會像鐘擺那樣盪過來。

《尖刺陷坑》

最常見的陷阱，掉下去就有一堆尖刺等著你。

嗯哇!!

打滿長釘的釘板，設置於草叢或河裡。

釘尖會塗上毒藥或糞便，讓傷口化膿。

《陷阱橋》

有些陷坑深達3m，並以竹蓆蓋住坑口，再鋪上帶草的泥土加以偽裝。

一踩就垮的假橋，河底插有竹刺。

坑裡插滿竹刺。

《維納斯捕蠅器》
使用有彈性的金屬尖刺，一腳踩下去就很難抽腿。

哎呀!!

總而言之，那些傢伙設置陷阱的手段可說是無所不用其極！在此要介紹利用手榴彈與地雷設置的詭雷。

《子彈地雷》

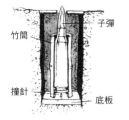

子彈
竹筒
撞針
底板

一踩下去子彈就會打穿腳底。

《利用砲彈／手榴彈製成的詭雷》

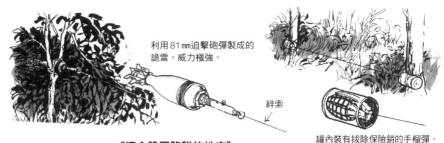

利用81mm迫擊砲彈製成的詭雷，威力極強。

絆索

罐內裝有拔除保險銷的手榴彈。

《適合設置陷阱的地方》

叢林小徑

小河或水渠

實在是太危險啦，我都不敢看了。

《彈射地雷》

會像S地雷（WWⅡ德國製人員殺傷雷）那樣彈起來爆炸。

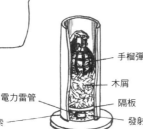

手榴彈
木屑
電力雷管
隔板
絆索
發射藥

用釘子將拔除保險銷的手榴彈固定在板子上。下方火藥點火後手榴彈就會彈起並且爆炸。

發射藥

《泥球地雷》

用泥巴包覆拔除保險銷的手榴彈，等它乾燥硬化。踩到之後泥球就會裂開，讓手榴彈爆炸。

越南農村常有這種將糧食儲存在地下的甕，裡面可能混有手榴彈。

《在越南使用的地雷》

早期只有土製品，後來則會使用中國、蘇聯製的人員殺傷雷。

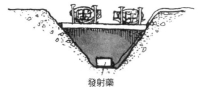

4式多用途地雷
（中國）

PMK-40人員殺傷雷
（蘇聯）

PMD-6木製人員殺傷雷
（蘇聯）

POMZ-2人員殺傷雷
（蘇聯）

M14人員殺傷雷

M16人員殺傷雷

繳獲的美製品

M15戰防雷

《直升機詭雷》

就連直升機都不能掉以輕心喔。降落至草原時若碰到絆索，就會引爆手榴彈。

在4根竹竿頂端設置手榴彈，並且拉起絆索。

有時還會在屍體下方設置炸藥，殺傷前來救護的人員。

拔除手榴彈的保險銷後放進罐子裡面。

這就是直升機詭雷。

設置在直升機降落區的詭雷。

一旦手榴彈被拉出罐子，安全握把就會彈開並且引爆。

設置詭雷的目的，在於造成前線美軍軍心動搖。這種戰術花費低廉（材料為竹子與黑色火藥），卻能帶給對手極大打擊。

然而，由於越共是在自己人的活動區域設置詭雷陷阱，為了避免誤傷戰友，總會留下某些暗號。咱們陸戰隊在付出犧牲之餘，也成功解讀了一些暗號。

這些標示附近必定會有詭雷陷阱。

標示前方有陷阱。

標示危險區結束。

可惜無法解讀標示距離。

標示內有陷阱。

用竹竿圍起來。

BANANA LEAF MARKERS

PARALLEL STICK MARKER

GROWING GRA

MINE

美軍為了對抗這類詭雷陷阱，在西貢西方的古芝建立一座訓練中心，對官兵進行教育，以減少人員損失。像這種卑劣武器，今後勢必也會一直出現在世界各地的衝突中，並且演變得更加巧妙，不會就此消失。

溪山攻防戰

陸戰隊登陸峴港後，部署於北緯17°線南側以威嚇共軍，但戰況卻沒有因此改變。

美國之所以將陸戰隊投入越南，目的就是想靠這支精兵一舉扭轉戰況，掌握主導權。

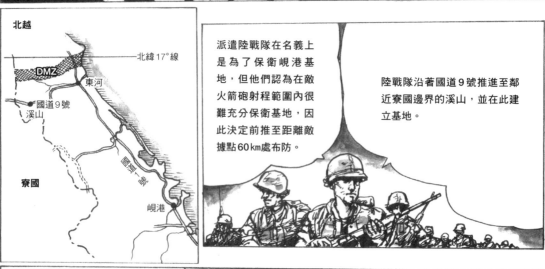

北越

北緯17°線

DMZ

東河

國道9號

溪山

寮國

峴港

派遣陸戰隊在名義上是為了保衛峴港基地，但他們認為在敵火箭砲射程範圍內很難充分保衛基地，因此決定前推至距離敵據點60km處布防。

陸戰隊沿著國道9號推進至鄰近寮國邊界的溪山，並在此建立基地。

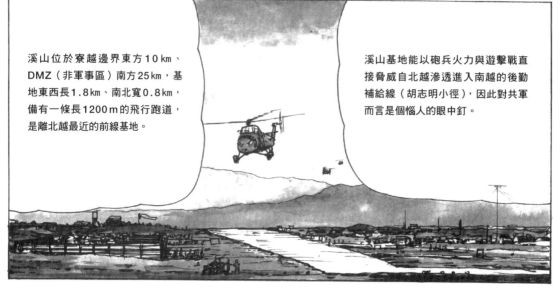

溪山位於寮越邊界東方10km、DMZ（非軍事區）南方25km，基地東西長1.8km、南北寬0.8km，備有一條長1200m的飛行跑道，是離北越最近的前線基地。

溪山基地能以砲兵火力與遊擊戰直接脅威自北越滲透進入南越的後勤補給線（胡志明小徑），因此對共軍而言是個惱人的眼中釘。

「溪山基地攻防戰」是越戰史上最慘烈的戰役之一,戰鬥始於1968年1月,持續打了77天。

這場戰役對陸戰隊而言著實是場硬仗,且由於戰役結束後陸戰隊決定放棄溪山基地,因此實質上算是吃了敗仗。

北越正規軍自1967年底便開始對溪山周邊增加壓力,而溪山基地則有第26陸戰團的3個營駐紮,將陣地鞏固為要塞。他們在四周各個丘陵部署1個連當作前進守備隊,總兵力為4200人,配備105mm砲18門、155砲6門、4.2吋迫擊砲12門、M48戰車6輛、M42防空車2輛、M50無後座力自走砲10輛、武裝卡車(搭載四管12.7mm機槍)2輛。

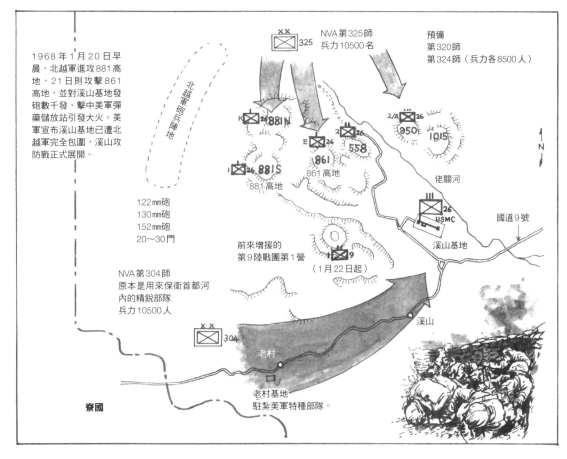

1968年1月20日早晨,北越軍進攻881高地,21日則攻擊861高地,並對溪山基地發砲數千發,擊中美軍彈藥儲放站引發大火。美軍宣布溪山基地已遭北越軍完全包圍,溪山攻防戰正式展開。

北越軍砲兵陣地

122mm砲
130mm砲
152mm砲
20～30門

NVA第304師
原本是用來保衛首都河內的精銳部隊
兵力10500人

304

NVA第325師
兵力10500名

325

預備
第320師
第324師(兵力各8500人)

K 26 881N

E 26

2 26

558

950 1015

861

861高地

26 881S

881高地

2/A 26

III 26 USMC

國道9號

溪山基地

佬關河

前來增援的
第9陸戰團第1營
(1月22日起)

9

老村

老村基地
駐紮美軍特種部隊。

溪山

寮國

N

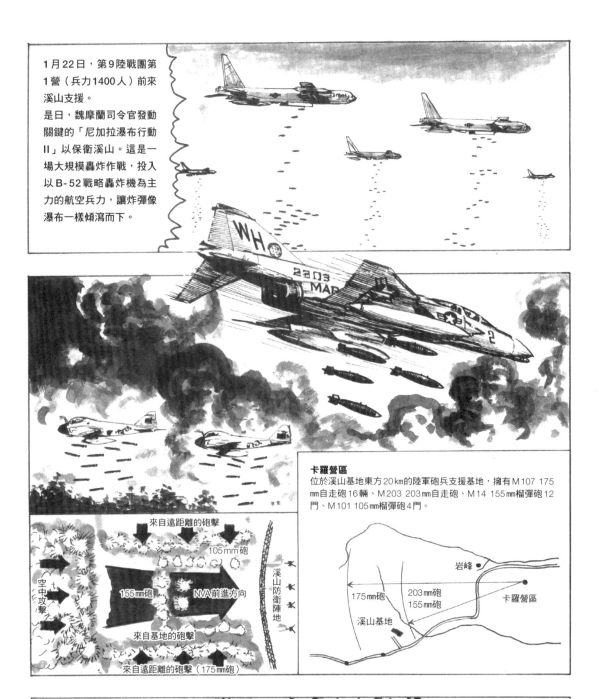

1月22日，第9陸戰團第1營（兵力1400人）前來溪山支援。

是日，魏摩蘭司令官發動關鍵的「尼加拉瀑布行動II」以保衛溪山。這是一場大規模轟炸作戰，投入以B-52戰略轟炸機為主力的航空兵力，讓炸彈像瀑布一樣傾瀉而下。

卡羅營區
位於溪山基地東方20km的陸軍砲兵支援基地，擁有M107 175mm自走砲16輛、M203 203mm自走砲、M14 155mm榴彈砲12門、M101 105mm榴彈砲4門。

來自遠距離的砲擊

105mm砲

空中攻擊

155mm砲　NVA前進方向

溪山防衛陣地

來自基地的砲擊

來自遠距離的砲擊（175mm砲）

岩峰

175mm砲　203mm砲 155mm砲　卡羅營區

溪山基地

北越軍頂著猛烈轟炸挖掘戰壕推進，在1月底前已挺進至離陸戰隊陣地300m處。

而陸戰隊這邊，每天也要承受北越軍150發～最多1307發的猛烈砲擊，只能躲在掩體內過日子。

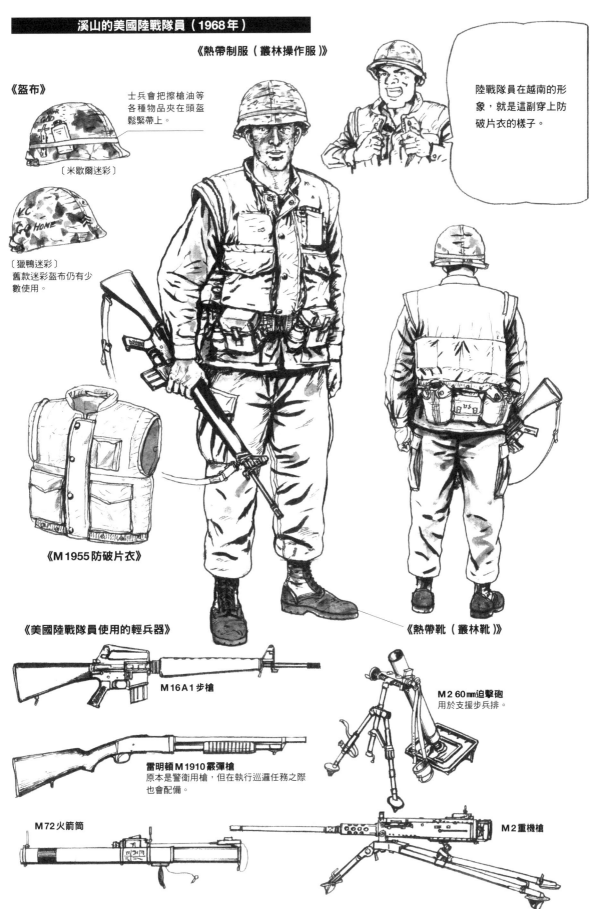

溪山的美國陸戰隊員（1968年）

《熱帶制服（叢林操作服）》

《盔布》

士兵會把擦槍油等各種物品夾在頭盔鬆緊帶上。

〔米歇爾迷彩〕

〔獵鴨迷彩〕
舊款迷彩盔布仍有少數使用。

陸戰隊員在越南的形象，就是這副穿上防破片衣的樣子。

《M 1955 防破片衣》

《美國陸戰隊員使用的輕兵器》

《熱帶靴（叢林靴）》

M 16 A 1 步槍

雷明頓 M 1910 霰彈槍
原本是警衛用槍，但在執行巡邏任務之際也會配備。

M 2 60 mm迫擊砲
用於支援步兵排。

M 72 火箭筒

M 2 重機槍

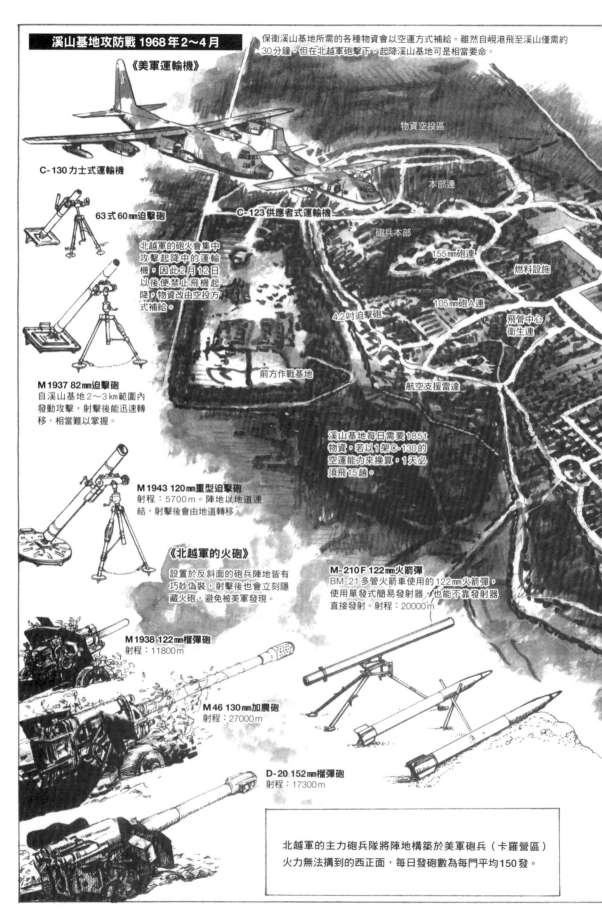

溪山基地攻防戰 1968 年 2～4 月

保衛溪山基地所需的各種物資會以空運方式補給。雖然自峴港飛至溪山僅需約30分鐘，但在北越軍砲擊下，起降溪山基地可是相當要命。

《美軍運輸機》

C-130 力士式運輸機

63 式 60 ㎜迫擊砲

M 1937 82 ㎜迫擊砲
自溪山基地 2～3 km 範圍內發動攻擊，射擊後能迅速轉移，相當難以掌握。

北越軍的砲火會集中攻擊起降中的運輸機，因此 2 月 12 日以後便禁止飛機起降，物資改由空投方式補給。

C-123 供應者式運輸機

物資空投區

本部連

砲兵本部

155 ㎜砲連

燃料設施

105 ㎜砲 A 連

飛管中心
衛生連

4.2 吋迫擊砲

前方作戰基地

航空支援雷達

M 1943 120 ㎜重型迫擊砲
射程：5700 m。陣地以地道連結，射擊後也會由地道轉移。

溪山基地每日需要 185 t 物資，若以 1 架 C-130 的空運能力來換算，1 天必須飛 15 趟。

《北越軍的火砲》
設置於反斜面的砲兵陣地皆有巧妙偽裝，射擊後也會立刻隱藏火砲，避免被美軍發現。

M-210 F 122 ㎜火箭彈
BM-21 多管火箭車使用的 122 ㎜火箭彈，使用單發式簡易發射器，也能不靠發射器直接發射。射程：20000 m

M 1938 122 ㎜榴彈砲
射程：11800 m

M 46 130 ㎜加農砲
射程：27000 m

D-20 152 ㎜榴彈砲
射程：17300 m

北越軍的主力砲兵隊將陣地構築於美軍砲兵（卡羅營區）火力無法搆到的西正面，每日發砲數為每門平均 150 發。

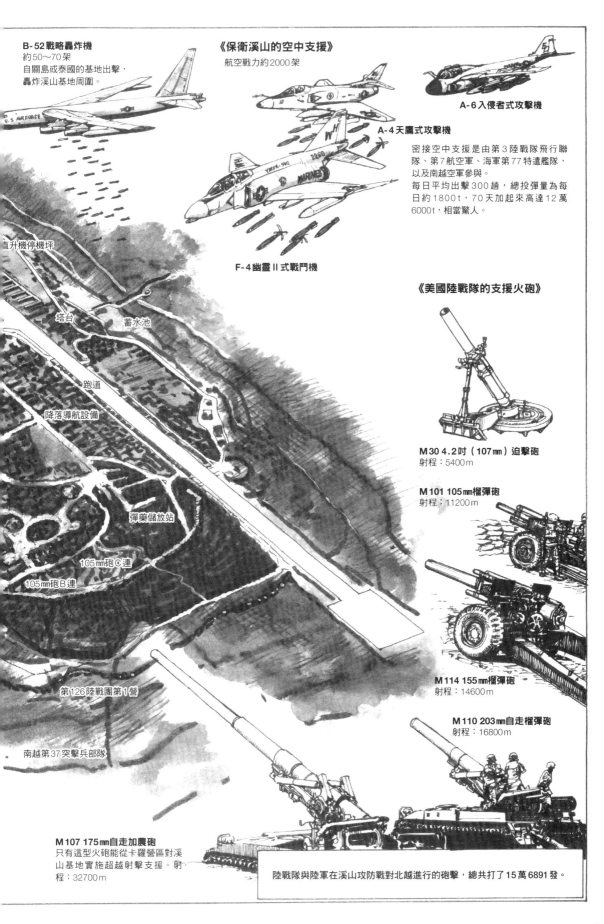

B-52戰略轟炸機
約50～70架
自關島或泰國的基地出擊，
轟炸溪山基地周圍。

《保衛溪山的空中支援》
航空戰力約2000架

A-6入侵者式攻擊機

A-4天鷹式攻擊機

密接空中支援是由第3陸戰隊飛行聯
隊、第7航空軍、海軍第77特遣艦隊，
以及南越空軍參與。
每日平均出擊300趟，總投彈量為每
日約1800t，70天加起來高達12萬
6000t，相當驚人。

F-4幽靈Ⅱ式戰鬥機

直升機停機坪

塔台

蓄水池

跑道

降落導航設備

彈藥儲放站

105mm砲ⓒ連

105mm砲Ⓑ連

第126陸戰團第1營

南越第37突擊兵部隊

《美國陸戰隊的支援火砲》

M30 4.2吋（107mm）迫擊砲
射程：5400m

M101 105mm榴彈砲
射程：11200m

M114 155mm榴彈砲
射程：14600m

M110 203mm自走榴彈砲
射程：16800m

M107 175mm自走加農砲
只有這型火砲能從卡羅營區對溪
山基地實施超越射擊支援。射
程：32700m

陸戰隊與陸軍在溪山攻防戰對北越進行的砲擊，總共打了15萬6891發。

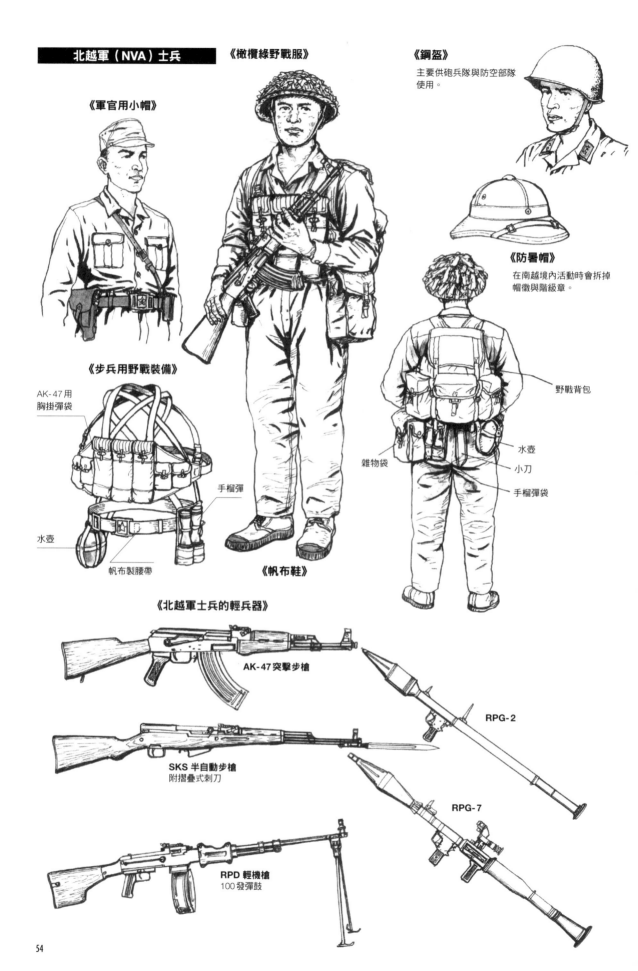

北越軍（NVA）士兵

《軍官用小帽》

《橄欖綠野戰服》

《鋼盔》

主要供砲兵隊與防空部隊使用。

《防暑帽》

在南越境內活動時會拆掉帽徽與階級章。

野戰背包

水壺

小刀

手榴彈袋

雜物袋

《步兵用野戰裝備》

AK-47用
胸掛彈袋

手榴彈

水壺

帆布製腰帶

《帆布鞋》

《北越軍士兵的輕兵器》

AK-47突擊步槍

RPG-2

SKS 半自動步槍
附摺疊式刺刀

RPG-7

RPD 輕機槍
100 發彈鼓

2月1日，華盛頓對魏摩蘭司令官拍發極密電報，允許使用戰術核武保衛溪山。

2月5日，北越軍以夜襲奪下部分861高地。

北越軍挖的戰壕終於迫近至距離基地90m處，形成完全包圍。由於戰況相似，因此被視為「第二次奠邊府」而備受世界矚目。

2月7日半夜，由11輛PT-76輕戰車打頭陣的北越軍攻陷位於老村的特種部隊前線基地。

不想在越南吃敗仗的美國，已經考慮打戰術核武牌了。美國遂與北越在檯面下進行交涉，若北越解除包圍，美國就不動用核武，雙方就此達成協議。

3月初，北越軍在不被美軍察覺下開始解除包圍，撤出部隊。4月1日，第1騎兵師展開「飛馬行動」，自陸路前往救援溪山。他們幾乎沒有碰到阻礙就抵達溪山，於14日解除溪山包圍。

4月18日，奮戰77天的第27陸戰團終於回到東河與卡羅營區。官兵們洗了個熱水澡，換上新衣服，還吃了頓牛排晚餐。

陸戰隊在這場戰役陣亡205人、戰傷1664人，北越軍則估計死傷10000～15000人。戰役結束後，美軍決定放棄溪山基地，陸戰隊於6月將設施破壞後撤退。

1月31日凌晨3點40分，共軍開始進攻順化。
順化的舊市區有城牆包圍，內有阮朝皇宮等歷史文化遺產。

北越軍（NVA）第6團在多管火箭掩護下，自順化皇宮西側衝進舊市區。雖然此處駐有南越政府軍（ARVN）的精銳部隊「黑豹連」，但也被奇襲打退。2月1日凌晨，皇宮被插上越共旗幟（上紅下藍，中央為黃色五角星）。

國道1號

ARVN司令部

跑道

舊市區

皇宮

駐越美軍司令部

802 6

NVA第6團

800 6

大學

大學

新市區

香江

4 4

K4B 4

NVA第4團

K4C 4

NVA隨後展開至順化南北，將市區封鎖。

雖然攻擊順化的主力是NVA，但為彰顯解放南越的大義名分，插上的是越共旗。

位於新市區的MACV由美軍士兵把守，等待援軍到來。距離最近的單位是富牌的陸戰隊。

第1陸戰團第1營A連出動,欲聯繫遭包圍的MACV,但卻被NVA伏擊,以致無法推進。

陸戰隊發現他們過於輕忽共軍戰力,因此派出轄有戰車(4輛M48戰車、2輛M42防空砲車)與工兵的第5陸戰團第2營G連前來增援,突破NVA的前衛部隊,於凌晨3點抵達MACV司令部。

位於舊市區的ARVN司令部表示,若24小時內得不到增援,恐怕會撐不下去。

然而,橫跨香江的鐵路橋卻被摧毀,無法前往舊市區。

隔天2月1日,聯軍開始對舊市區展開猛烈反擊。

上啊!渾球們!
把越共通通趕出去!

春節時期，越南中部的平均氣溫有時還不到20°。因此出動至順化的陸戰隊員除了一般軍裝之外，還會穿上擋雨禦寒用的防水外套。

防水外套一定要穿在防破片衣底下。

頭盔上的鬆緊帶會夾入清潔槍枝用的牙刷與擦槍油壺。

用來裝 M60 用 7.62mm NATO 彈鏈的彈藥箱。

機槍彈鏈會交叉掛在射手或彈藥手雙肩上。

M17 防護面具

機槍射手也會攜帶護身用手槍。

這位榴彈射手身上穿的背心多加了不少增加彈藥攜行量的彈袋，像這種裝備都是在戰場上自行改造出來的。

卡巴戰鬥刀

為了騰出携行空間，有些士兵會把刀子掛在槍套與腰帶之間。

步槍兵除了彈匣袋之外，還會攜帶 2～3 條彈匣背帶（每條可裝140發備用彈藥）。

《M1956 裝備》

M1956 裝備吊帶

叢林急救包

M7 刺刀

由於防破片衣是在穿在裝備吊帶之上，因此須調整吊帶長度，讓彈匣袋等裝備能從防破片衣的下襬露出來。除了 M1956 之外，也有隊員會使用舊型的 M1941 裝備吊帶。

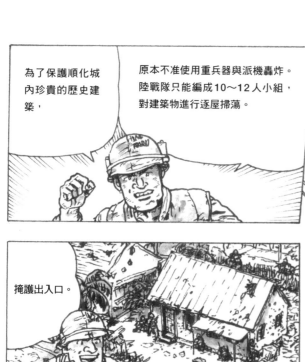

為了保護順化城內珍貴的歷史建築，

原本不准使用重兵器與派機轟炸。陸戰隊只能編成10～12人小組，對建築物進行逐屋掃蕩。

ARVN第7空降營

國道1號
←廣義

ARVN第2空降營

舊市區

第1騎兵師第3旅

2月4日
以機降增援

掩護出入口。

美國第101空降師
1個營

BOOM!

美國第101空降師
1個營與ARVN部隊

M24清道夫防空砲車

BABABA

DAN!

衝進去！

好，換下一間。
小心狙擊手。

為了逼出躲在建築物內的敵人，陸戰隊會使用CS（催淚）瓦斯。

M7A3
RIOT
CS

南越政府軍（ARVN）

戰鬥剛開打時，順化舊市區是由南越政府軍第1師的突擊兵精銳「黑豹連」防守。

《標準的南越政府軍士兵》

黑豹隊徽

頭盔會直接漆上迷彩，正面畫有黑豹隊徽。

M59叢林迷彩服

雖然人們都說政府軍打起仗來很不可靠，但在春節攻勢期間，他們仍於各地奮勇應戰，打亂越共的計畫。

〔ARVN背包〕
容量大，易使用，美軍也會拿去用。

M16A1步槍

共軍（北越軍與越共）

他們也會有效利用繳獲的美製兵器。

《全副武裝的越共士兵》

主力部隊訓練相當充足，且火力不輸美軍。春節攻勢時，也有一些越共士兵會穿上與北越軍相同的野戰服。

雖然主力是北越軍，但基於政治考量，有派出約2000名越共士兵。

RPG-2在北越也有生產，型號稱為B-40。

2月12日，南越政府下達許可，對順化實施砲擊轟炸。

美軍從一開始便過於輕忽共軍戰力，認為只要1個禮拜就能完成掃蕩，但皇宮頂上卻仍飄揚著越共旗幟。

包括陸軍砲擊、來自近海的艦砲岸轟、密接空中支援等，聯軍發動全力實施火力覆蓋。此時陸戰隊也重新開始對南側城牆展開進攻，在火力掩護下徐徐推進。

2天前的2月22日，ARVN與第5陸戰團第1營已攻入皇宮。

2月24日，ARVN第1師第2團第2營的士兵終於扯下了越共旗，改升起南越共和國旗。

2月25日夜，順化戰役結束。聯軍陣亡600人、負傷3194人（其中陸戰隊陣亡142人、負傷857人）。至於共軍則推定陣亡5000人、被俘89人。
這場為期26天的城鎮戰，將美麗的順化古都摧毀40％，就連皇宮也化作一堆瓦礫。除此之外，順化市民更是犧牲慘重，死亡、失蹤約5800人，其中也包括被共軍殺害的公務員等。

DMZ 南方戰役～越南撤軍

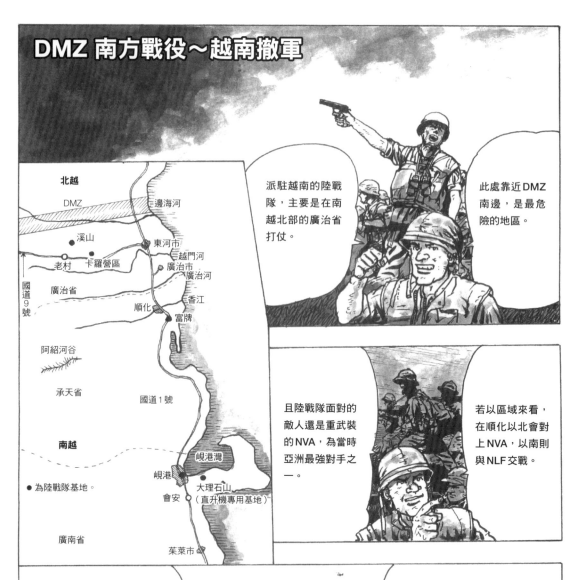

北越

DMZ

邊海河

溪山

東河市

老村　卡羅營區

越門河
廣治市
廣治河

國道9號

廣治省

香江

順化　富牌

阿紹河谷

承天省

國道1號

南越

● 為陸戰隊基地。

峴港灣

峴港

大理石山
會安　（直升機專用基地）

廣南省

茱萊市

派駐越南的陸戰隊，主要是在南越北部的廣治省打仗。

此處靠近DMZ南邊，是最危險的地區。

且陸戰隊面對的敵人還是重武裝的NVA，為當時亞洲最強對手之一。

若以區域來看，在順化以北會對上NVA，以南則與NLF交戰。

駐越美國陸戰隊皆由峴港的第III兩棲軍（III MAF）指揮管轄，在越戰期間執行過多次兩棲作戰。

在越南作戰，比起鞏固防區，更重要的是殲滅敵軍。因此會在發現敵軍部隊之處實施敵前登陸，進行掃蕩作戰。

這類兩棲登陸作戰於邊海河至峴港之間的海岸執行超過150次，自峴港至廣義市之間執行約50次。

其中規模最大的登陸作戰則是「勇猛水手行動」與平地殲敵作戰「米德河行動」。

勇猛水手行動 1969年1月12～14日

1月10日，在峴港南方70km的巴坦干半島發現2個團（約2500人）的NLF部隊。

陸戰隊對此半島實施登陸，配合駐紮附近廣義市的ARVN進行夾擊，意圖將NLF一網打盡。

2500名陸戰隊員於12日深夜搭上6艘登陸艦，在天亮之前開始登陸。

ARVN與美軍在13日凌晨之前，已將部隊正面展開至10km寬。

位於會安的美國陸軍1個團也有參與這場作戰。

順化
峴港
會安
巴坦干半島
廣義

13日凌晨，位於近海的戰艦開始對巴坦干半島實施岸轟。

600名搶灘突擊部隊自海岸推進，鞏固縱深500m的灘頭堡。

接著，16輛M48A3戰車與48輛兩棲運兵車也跟著登陸，開始往內陸進擊。

除有戰艦紐澤西號執行岸轟支援，自峴港飛來的陸戰隊航空隊也展開對地攻擊。

快追擊，別讓他們逃了！

遭遇奇襲的NLF嚇得往內陸逃竄，當他們發現可能會被包圍後，便試圖向西脫離。

NLF派出狙擊手掩護部隊撤退，一直堅守崗位直至陣亡。

排長中彈了，快呼叫救護直升機！

進入叢林後，敵軍就專挑野戰指揮官下手，以阻撓美軍追擊（狙殺指揮官，以遲滯、擾亂部隊行動）。

這支部隊雖有2輛兩棲運兵車被地雷摧毀，但仍成功捕捉部分敵軍並將之殲滅。

別讓他們逃了！兩棲運兵車沿著海岸線繞到前面去！

唉～，即便奇襲成功，且還派出6倍兵力，但卻未能大獲全勝。看來NLF也進化成難纏的對手了。

這場為期2天的戰鬥，NLF陣亡239人，陸戰隊損失79人，ARVN則有超過100人傷亡。

這場作戰看似完全成功，但由於ARVN在半島根部展開過慢，使得拚命突圍的NLF闖過阻絕線，讓主力部隊得以逃進叢林。

米德河行動　1969年11月20日～12月9日

這場戰役為第1陸戰師的6個營在DMZ南方的越門河、廣治河之間與1個NVA師交戰。

當時判斷敵軍意圖攻擊國道9號上的卡羅營區或東河，離開叢林在平地戰鬥。

既然走出「叢林防護罩」（叢林是種天然掩護，可減弱砲擊轟炸效果，因而如此稱之），就輪到我們發威啦！

陸戰隊在空軍轟炸支援與水面艦艇岸轟支援下，擊潰了1.6倍的NVA。
NVA各部隊在平地戰場派出戰車（出動12輛PT-76輕戰車與T-54戰車）打頭陣，但卻被陸戰隊的攻擊直升機擊毀。

看到沒！臭NVA，平時那麼囂張，在平地打仗看你們怎麼拚過陸戰隊！

經過20天戰鬥，NVA陣亡840人（不確定2500人），陸戰隊只有109人傷亡，堪稱大獲全勝。從此以後，NVA便暫時沒有對廣治省發動大規模進攻。

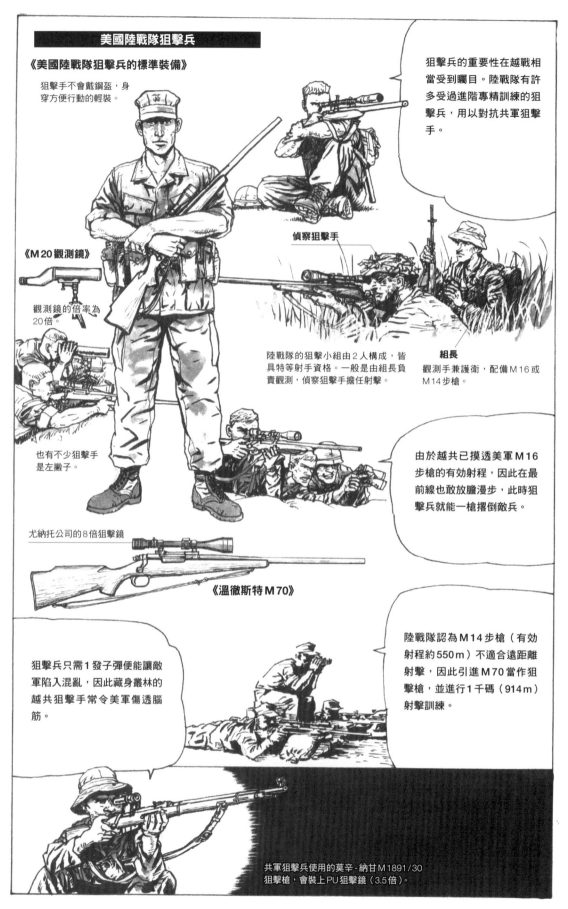

美國陸戰隊狙擊兵

《美國陸戰隊狙擊兵的標準裝備》

狙擊手不會戴鋼盔，身穿方便行動的輕裝。

狙擊兵的重要性在越戰相當受到矚目。陸戰隊有許多受過進階專精訓練的狙擊兵，用以對抗共軍狙擊手。

《M20觀測鏡》

觀測鏡的倍率為20倍。

偵察狙擊手

陸戰隊的狙擊小組由2人構成，皆具特等射手資格。一般是由組長負責觀測，偵察狙擊手擔任射擊。

組長
觀測手兼護衛，配備M16或M14步槍。

也有不少狙擊手是左撇子。

由於越共已摸透美軍M16步槍的有效射程，因此在最前線也敢放膽漫步，此時狙擊兵就能一槍撂倒敵兵。

尤納托公司的8倍狙擊鏡

《溫徹斯特M70》

狙擊兵只需1發子彈便能讓敵軍陷入混亂，因此藏身叢林的越共狙擊手常令美軍傷透腦筋。

陸戰隊認為M14步槍（有效射程約550m）不適合遠距離射擊，因此引進M70當作狙擊槍，並進行1千碼（914m）射擊訓練。

共軍狙擊兵使用的莫辛-納甘M1891/30狙擊槍，會裝上PU狙擊鏡（3.5倍）。

美國陸戰隊換發 M16 步槍

陸戰隊和陸軍參與越戰時，是以 M14 作為主力步槍，但從 1966 年開始則將制式步槍換成 M16A1。

美國空軍先行採用後，陸軍隨之跟進，最後連陸戰隊也將制式步槍換成 M16。

比起既重且長又難用的 M14，靈巧的 M16 比較適合在叢林裡操作。再加上它使用的是小口徑子彈，因此能讓士兵多帶一些彈藥。

然而，小口徑的 5.56㎜ 彈不論威力與有效射程皆不及 M14 的 7.62㎜ 彈，且還被嫌像玩具槍，不適合拚刺刀，因此陸戰隊也曾傳出反對意見。

首先領到 M16 的陸戰隊單位，是 1967 年春季投入溪山基地周邊的部隊。

有人認為溪山戰役之所以會傷亡慘重，都是因為 M16 作動不良的關係。M16 因此被視為瑕疵品，在美國國內鬧得很大。

由於 M16 的外觀頗具未來感，因此士兵們都誤以為它不需要保養。

M16 在野戰環境下確實不若 M14 粗勇，且因為擦槍工具不足與士兵不習慣保養程序，很容易卡彈。

然而，這些問題在經過改良部分結構、變更發射藥、配發擦槍工具、加強士兵教育訓練後，便逐漸獲得解決。自此之後，M16A1 便鞏固了主力步槍的地位。

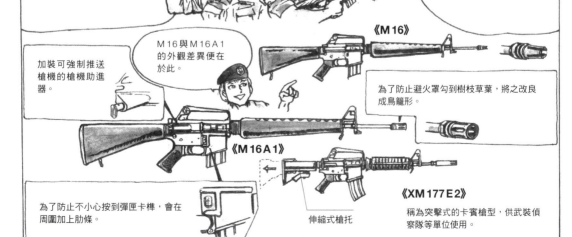

M16 與 M16A1 的外觀差異便在於此。

《M16》

加裝可強制推送槍機的槍機助進器。

為了防止避火罩勾到樹枝草葉，將之改良成鳥籠形。

《M16A1》

伸縮式槍托

《XM177E2》

為了防止不小心按到彈匣卡榫，會在周圍加上肋條。

稱為突擊式的卡賓槍型，供武裝偵察隊等單位使用。

69

共軍的象徵AK-47

共軍使用的AK-47，是二次大戰後由蘇聯研製的突擊步槍。

雖然它比M16重，但卻很堅固，不容易故障，適合打游擊戰。在近距離接戰時，30發彈匣也比較有利。

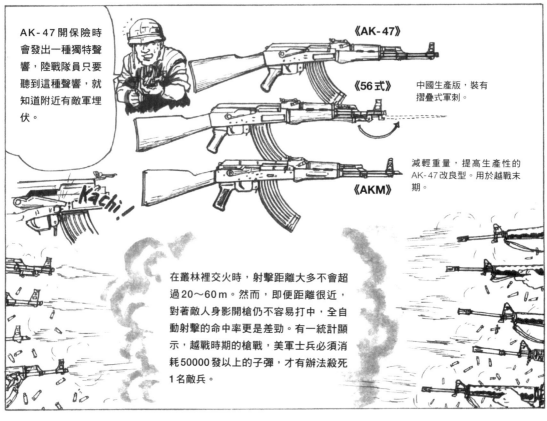

AK-47開保險時會發出一種獨特聲響，陸戰隊員只要聽到這種聲響，就知道附近有敵軍埋伏。

Kachi!

《AK-47》

《56式》 中國生產版，裝有摺疊式軍刺。

減輕重量，提高生產性的AK-47改良型。用於越戰末期。

《AKM》

在叢林裡交火時，射擊距離大多不會超過20～60m。然而，即便距離很近，對著敵人身影開槍仍不容易打中，全自動射擊的命中率更是差勁。有一統計顯示，越戰時期的槍戰，美軍士兵必須消耗50000發以上的子彈，才有辦法殺死1名敵兵。

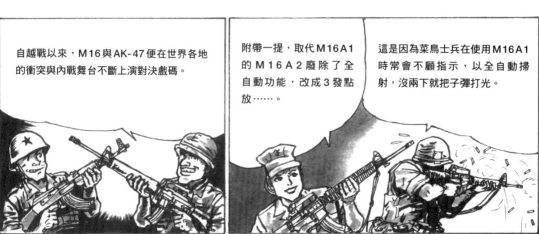

自越戰以來，M16與AK-47便在世界各地的衝突與內戰舞台不斷上演對決戲碼。

附帶一提，取代M16A1的M16A2廢除了全自動功能，改成3發點放……。

這是因為菜鳥士兵在使用M16A1時常會不顧指示，以全自動掃射，沒兩下就把子彈打光。

自越南撤退

1968年，除了美國國內反戰聲浪高漲，美軍也歷經春節攻勢與溪山攻防戰，導致美國政府終於開始覺得勝利無望。該年5月15日，美國在巴黎與北越展開和平談判，新上任的尼克森總統發表美軍的撤軍方針，決定開始「體面撤退」。

美國撤軍前，陸戰隊在越戰的最後任務，是保衛峴港這座撤退據點。

美軍自7月起從地面部隊開始撤退，於1972年3月24日完成撤軍。

派駐越南的美國陸戰隊在頂峰時期（1968年）兵力曾達8萬5755人，但是到了1973年3月撤退時，僅留下500人處理善後。

陸戰隊離開後，峴港、富牌陸續淪陷，廣治省也在1972年春季落入NVA之手。1975年，南越政府滅亡。越戰期間，陸戰隊總共陣亡12953人、負傷51389人。

陸戰隊的最後一項任務，是保護西貢的美國大使館。負責警衛工作的分遣隊，於1975年4月30日的「常風行動」搭乘最後一架直升機撤離。

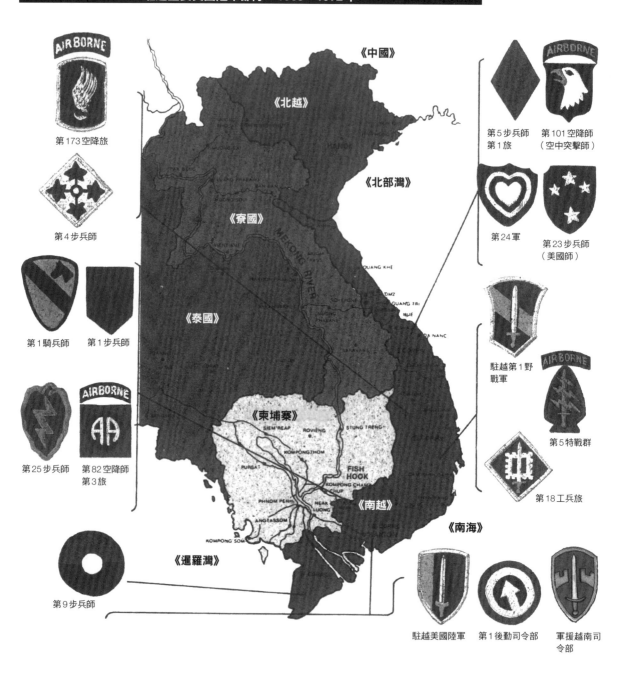

第173空降旅

第4步兵師

第1騎兵師　第1步兵師

第25步兵師　第82空降師第3旅

第9步兵師

第5步兵師第1旅　第101空降師（空中突擊師）

第24軍　第23步兵師（美國師）

駐越第1野戰軍

第5特戰群

第18工兵旅

駐越美國陸軍　第1後勤司令部　軍援越南司令部

第20工兵旅

第11裝甲騎兵團

第199輕步兵旅

第18憲兵旅

第1通信旅

駐越第2野戰軍

第1航空旅

第44衛生旅

美軍的
兵器與軍裝

[美軍的輕兵器] 手槍

越戰使用的輕兵器，年代從第一次世界大戰以前的槍型到1960年代的最新槍型都有，範圍相當廣。除此之外，美製輕兵器也會供應給南越軍使用。接續第二次世界大戰與韓戰，手槍仍繼續使用M1911A1，是越戰美軍的主力手槍。

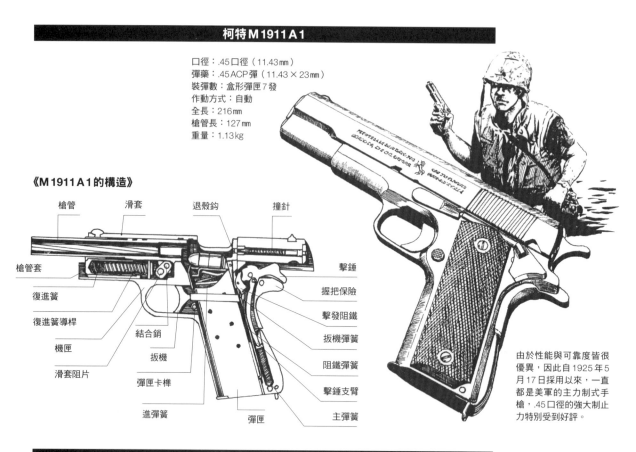

柯特M1911A1

口徑：.45口徑（11.43mm）
彈藥：.45ACP彈（11.43×23mm）
裝彈數：盒形彈匣7發
作動方式：自動
全長：216mm
槍管長：127mm
重量：1.13kg

《M1911A1的構造》

槍管　滑套　退殼鉤　撞針
槍管套
復進簧
復進簧導桿
機匣
滑套阻片
結合銷
扳機
彈匣卡榫
進彈簧
彈匣
擊錘
握把保險
擊發阻鐵
扳機彈簧
阻鐵彈簧
擊錘支臂
主彈簧

由於性能與可靠度皆很優異，因此自1925年5月17日採用以來，一直都是美軍的主力制式手槍，.45口徑的強大制止力特別受到好評。

美軍使用的其他手槍

《斯特姆-儒格Mk.II》

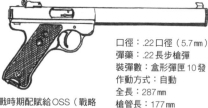

口徑：.22口徑（5.7mm）
彈藥：.22長步槍彈
裝彈數：盒形彈匣10發
作動方式：自動
全長：287mm
槍管長：177mm
重量：1270g

取代二戰時期配賦給OSS（戰略情報局，CIA的前身）特工人員的高標HDM手槍，於戰後供CIA使用的附減音器型特戰手槍。

《S&W M10軍警型》

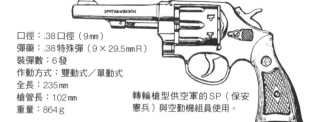

口徑：.38口徑（9mm）
彈藥：.38特殊彈（9×29.5mmR）
裝彈數：6發
作動方式：雙動式／單動式
全長：235mm
槍管長：102mm
重量：864g

轉輪槍型供空軍的SP（保安憲兵）與空勤機組員使用。

《S&W Mk.22 Mod.0 狗狗乖型》

口徑：9mm
彈藥：9mm帕拉貝倫彈（9×19mm）
裝彈數：盒形彈匣13發
作動方式：自動
全長：216mm（含減音器324mm）
槍管長：127mm　重量：737g

S&W公司應美國海軍海豹特種部隊要求，以M39為基礎研改而成，可加裝減音器。為了增強它的減音效果，除了加上滑套鎖，還將它的9mm帕拉貝倫彈改成初速較低的特殊彈。

《S&W軍警型輕量版》

口徑：.38口徑（9mm）
彈藥：.38特殊彈（9×29.5mmR）
裝彈數：6發
作動方式：雙動式／單動式
全長：175mm
槍管長：50mm
重量：510g

以M10軍警型為基礎發展出的2吋短槍管型，以輕盈的硬鋁合金製成。1953年採用，供空軍飛行員當作護身武器。

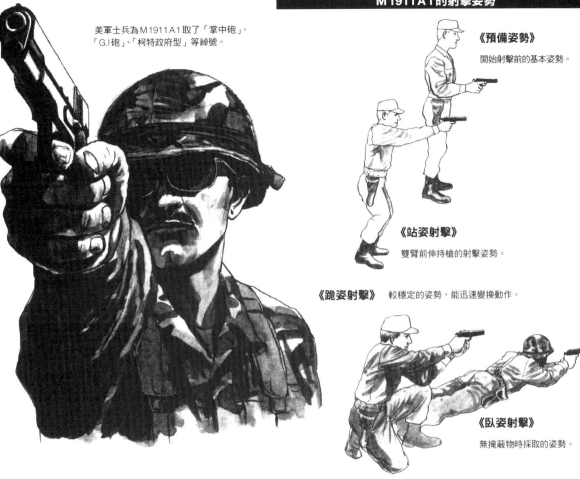

美軍士兵為M1911A1取了「掌中砲」、「G.I砲」、「柯特政府型」等綽號。

M1911A1的射擊姿勢

《預備姿勢》

開始射擊前的基本姿勢。

《站姿射擊》

雙臂前伸持槍的射擊姿勢。

《跪姿射擊》 較穩定的姿勢，能迅速變換動作。

《臥姿射擊》

無掩蔽物時採取的姿勢。

各種手槍套

《M1916槍套》

與二次大戰時期同款的M1911A1用槍套，但美軍在1960年代之前把皮製裝具的顏色從茶色改成黑色。

《M7槍套》

M1911A1用肩掛式槍套，供裝甲兵使用。

《私人肩掛槍套》

在越南戰場上，有些官兵會攜帶私人手槍，並配合槍型使用市售槍套。

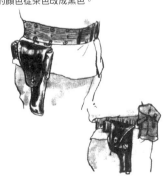

《轉輪手槍用腰掛槍套》

M10用的槍套，除了空軍SP之外，直升機機組員也會使用。

《求生背心上的槍套》

直升機機組員會把手槍裝在求生背心上的槍套中。

步槍

美國把韓戰打完後大量剩餘的輕兵器以軍援方式提供給南越，成為南越政府軍的主力兵器。至於美軍則制式採用M14與M16投入戰場。

M1/M2卡賓槍

《M2卡賓槍》

除美軍軍事顧問團的隊員使用外，空軍在採用M16之前也會配備M2卡賓槍用於基地警衛。南越軍則是配賦給指揮官與無線電手等人員。

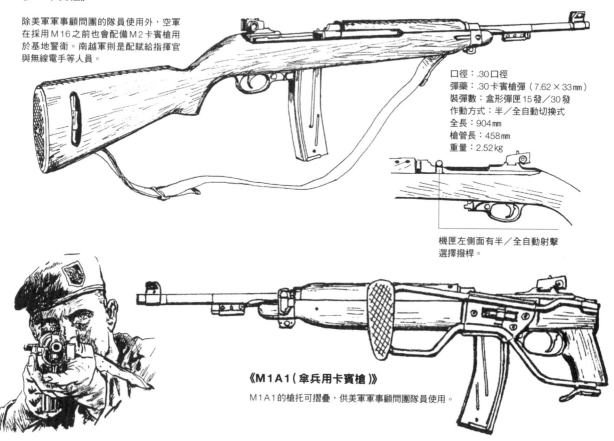

口徑：.30口徑
彈藥：.30卡賓槍彈（7.62×33mm）
裝彈數：盒形彈匣15發／30發
作動方式：半／全自動切換式
全長：904mm
槍管長：458mm
重量：2.52kg

機匣左側面有半／全自動射擊選擇撥桿。

《M1A1（傘兵用卡賓槍）》

M1A1的槍托可摺疊，供美軍軍事顧問團隊員使用。

M1步槍

直到1966年左右都是南越政府軍的主力步槍，越共陣營也會使用取自政府軍的繳獲品。

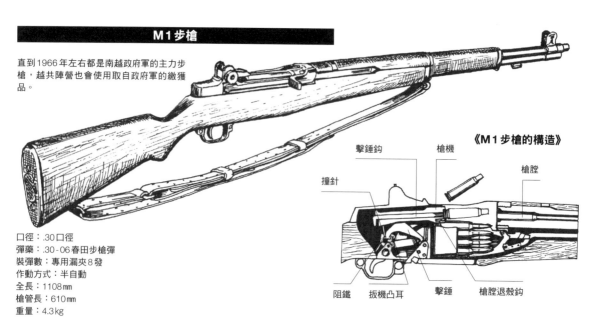

《M1步槍的構造》

擊錘鉤
槍機
撞針
槍膛
阻鐵
扳機凸耳
擊錘
槍膛退殼鉤

口徑：.30口徑
彈藥：.30-06春田步槍彈
裝彈數：專用漏夾8發
作動方式：半自動
全長：1108mm
槍管長：610mm
重量：4.3kg

M14步槍

M14步槍是從M1步槍發展而來的槍型，於1957年5月制式採用。它使用7.62mm NATO彈，並採用盒形彈匣與全自動機構，性能高於M1步槍。然而，它不僅重量較重，射擊時的後座力也很大，因此駐越美軍自1966年以降便陸續換裝M16步槍。

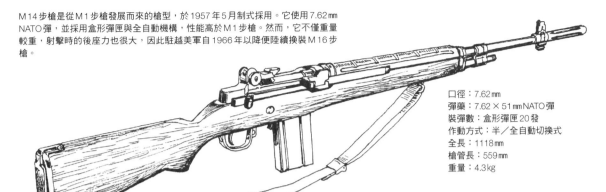

口徑：7.62mm
彈藥：7.62×51mm NATO彈
裝彈數：盒形彈匣20發
作動方式：半／全自動切換式
全長：1118mm
槍管長：559mm
重量：4.3kg

M14的變遷

《半自動型》

使用7.62mm NATO彈的M14雖然威力強大，但全自動射擊時卻很難控制，因此後來便推出廢除全自動機構，僅保留半自動功能的槍型。

《改良型》

在槍托底板加裝支肩托板，並配備兩腳架。

《M14A1（M14E2）》

為提升全自動射擊時的穩定性，在槍管前端加裝制退器，槍托也改成直托型。

M14的衍生型

M14步槍發展自M1步槍，並曾配合各種用途試製許多衍生型，種類相當多。

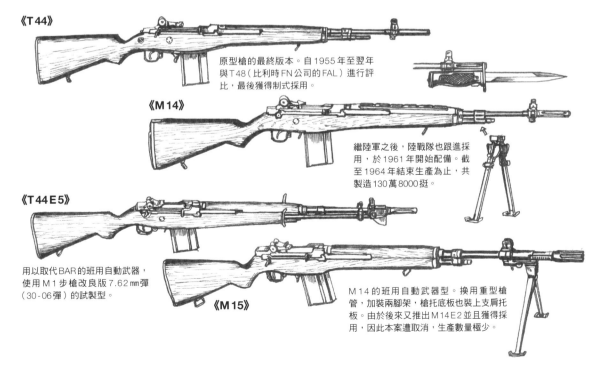

《T44》

原型槍的最終版本。自1955年至翌年與T48（比利時FN公司的FAL）進行評比，最後獲得制式採用。

《M14》

繼陸軍之後，陸戰隊也跟進採用，於1961年開始配備。截至1964年結束生產為止，共製造130萬8000挺。

《T44E5》

用以取代BAR的班用自動武器，使用M1步槍改良版7.62mm彈（30-06彈）的試製型。

《M15》

M14的班用自動武器型。換用重型槍管，加裝兩腳架，槍托底板也裝上支肩托板。由於後來又推出M14E2並且獲得採用，因此本案遭取消，生產數量極少。

《M14A1（M14E2）》

為了方便在射擊時穩住槍身，於扳機後方加上握把，下護木則加裝摺疊式前握把。原型槍於1963年命名為M14E2，1966年獲採用為M14A1。直式槍托有一些不同版本。

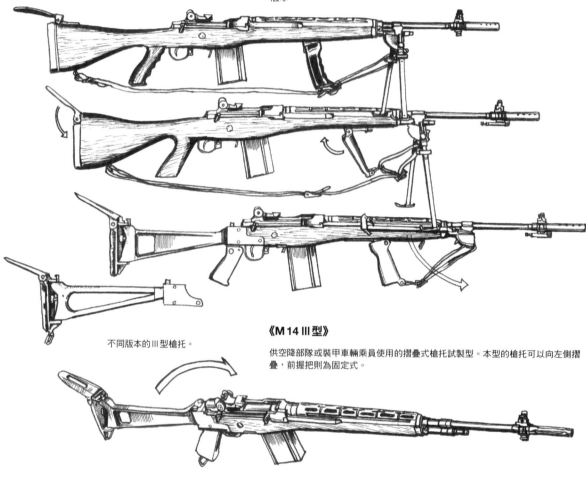

不同版本的Ⅲ型槍托。

《M14Ⅲ型》

供空降部隊或裝甲車輛乘員使用的摺疊式槍托試製型。本型的槍托可以向左側摺疊，前握把則為固定式。

《M14Ⅴ型》

槍托可向前方摺疊，下護木裝有摺疊式前握把。

《M2兩腳架》

可拆卸，高度也有數段
可調整。

《M6刺刀》

M14專用的刺刀。

M14的射擊姿勢

《跪姿射擊》

採行跪射之際，為了使姿
勢更加穩定，右腳尖可配
合地形等狀況採取最佳平
衡姿勢（圖中畫出3種變
化）。

〔體軸線〕
眼睛配合照門高度。

30°

《臥姿射擊》

〔槍軸線〕
與兩肩連線成直角
據槍。

《站姿射擊》

《突擊射擊姿勢》

圖中畫的士兵使用的是
M14A1，裝有前後握
把，可抑制全自動射擊時
的後座力。

《戰壕射擊姿勢》

若有沙包，就把手腕抵在
沙包上據槍。

《使用兩腳架的射擊姿勢》

射擊時要握住前握把以防止槍口上揚。

狙擊槍

派駐越南的美軍，在戰場上常因越共、北越軍狙擊手吃到苦頭。相較於陸戰隊會派受過專精訓練的狙擊組擔任偵察、支援、防禦任務，陸軍僅有簡易訓練，並侷限在步兵班內運用，戰術尚未成熟。開始重視狙擊手戰術的陸軍，會執行更高階的訓練以培養狙擊手，同時也決定採用新型狙擊槍。

《XM21狙擊槍》

口徑：7.62mm
彈藥：7.62×51mm NATO彈
裝彈數：盒形彈匣20發
作動方式：半自動
槍管長：559mm
全長：1118mm
重量：5.27kg

陸軍重新檢整1435挺用於射擊競技的M14國家競賽型，於1969年賦予XM21名稱配備至越南。後來XM21於1975年制式採用為M21。

〔ART狙擊鏡〕
為XM21研製的3～9倍可變倍率狙擊鏡，分為早期型的ART I以及改良十字絲與結合座的後期型ART II。ART是Adjustable Ranging Telescope的簡稱。

《溫徹斯特M70》

陸戰隊在越南使用的狙擊槍。

口徑：7.62mm
彈藥：7.62×51mm NATO彈
裝彈數：5發
作動方式：栓動式
全長：1050mm
槍管長：660mm
重量：4.35kg

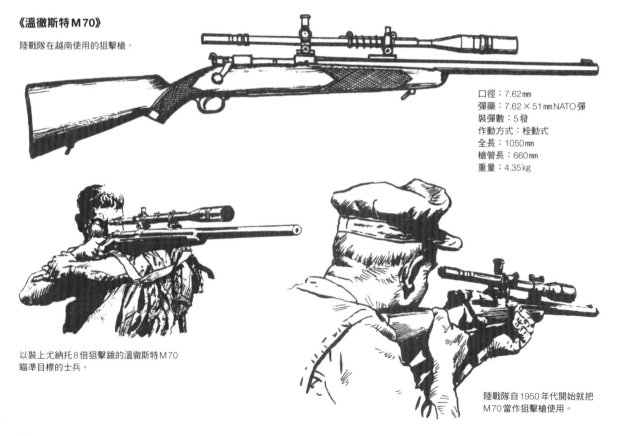

以裝上尤納托8倍狙擊鏡的溫徹斯特M70瞄準目標的士兵。

陸戰隊自1950年代開始就把M70當作狙擊槍使用。

當陸軍體認到狙擊手的重
要性之後，便於1968年
1月在本寧堡基地成立狙
擊手學校，開始培訓狙擊
手。首批結訓的狙擊手於
該年6月派至越南。

陸軍先暫時以XM21取代之前使用的
M1D狙擊槍，等該型槍制式化後，便構
成M21狙擊武器系統。

以裝上尤納托8倍狙擊
鏡的M70據槍瞄準的
陸戰隊員。由於陸戰
隊重視長程狙擊，因
此會使用栓動式步槍。

除了長程狙擊外，陸戰隊也自1967年開始培訓能夠兼任偵察、觀
測等任務的偵察狙擊手，並且投入實戰。

M16於越戰時期成為美軍的主力步槍，它採小口徑設計，槍身材質也改用鋁合金與塑膠，是款革新型的軍用步槍。

尤金・史東納設計的步槍，是M16的原型。他讓這款步槍參與美國陸軍新一代主力步槍評選，但因鋁合金機匣在耐用性等方面有些問題，並未獲得採用。

《AR-10》

口徑：7.62mm
彈藥：7.62×51mm NATO彈
裝彈數：盒形彈匣20發
作動方式：半／全自動切換式
全長：1050mm
槍管長：528mm
重量：3.57kg

《M16步槍》

1961年9月，空軍首先引進AR-15，翌年1月以M16為型號制式採用。配備M14的陸軍與陸戰隊，於1964年開始測試在M16上加裝槍機助進器的XM16E1，自翌年起配發給派駐越南的部隊。

口徑：5.56mm
彈藥：5.56×45mm NATO彈
裝彈數：盒形彈匣20發、30發
作動方式：半／全自動切換式
全長：986mm
槍管長：508mm
重量：3.57kg

《M16的構造》

擊錘棘齒　撞針　槍機座
擊錘　　槍膛　　瓦斯缸管
槍機
脫離器
扳機　槍機卡榫
扳機阻鐵

《M16A1》

美國陸軍與陸戰隊採用後，XM16E1便改稱制式型號M16A1。它與M16在外觀上的差異，在於彈匣卡榫四周有無保護肋條，以及上機匣右側有無槍機助進器。槍機助進器在槍機閉鎖不良時，能以按壓按鈕的方式自外部推送槍機強制閉鎖。

《M16大部分解》

以步槍彈尖頂出後結合銷，以前結合銷為轉軸打開機匣，便能取出槍機。

槍管＆上機匣總成
槍機總成

前結合銷
後結合銷

拉出此插銷，就能分離上機匣與下機匣。

下機匣＆槍托總成
彈匣

採用輕盈的小口徑突擊步槍M16與M16A1之後，士兵就能攜帶更多彈藥。

M 16的變遷

《AR-15》

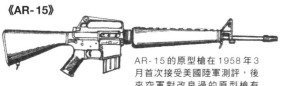

AR-15的原型槍在1958年3月首次接受美國陸軍測評,後來空軍對改良過的原型槍有興趣,依空軍要求進一步改良後,制式採用為M16。

《M 16》

至於陸軍的測評結果,雖然認可M16的性能,但有意見認為它的5.56mm口徑在有效射程上並不適合軍用,因而推遲了採用時機。除此之外,M16剛配發至越南時,還發生槍機閉鎖不良等問題,使得它有好一陣子被視為「缺陷槍」。

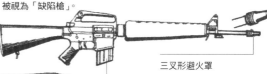

三叉形避火罩

20發彈匣

M16在越南之所以會出問題,是因為以下理由導致。
・士兵疏於保養。
・高濕度導致零件鏽蝕速度超乎預期。
・子彈使用非原廠指定裝藥。
柯特公司針對這些原因進行改良,於1967年推出M16A1。

除了改良步槍之外,美軍也加強士兵教育訓練,並大量補上專用擦槍工具組,最後終於解決故障問題。

《M 16A1》

槍機助進器

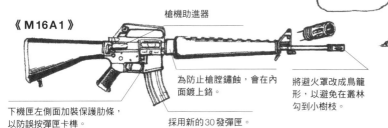

為防止槍膛鏽蝕,會在內面鍍上鉻。

將避火罩改成鳥籠形,以避免在叢林勾到小樹枝。

下機匣左側面加裝保護肋條,以防誤按彈匣卡榫。

採用新的30發彈匣。

CAR武器系統

越戰時期,柯特公司以AR-15步槍為基礎,發展出一套CAR武器系統,針對各種用途研製不同槍型。

《XM177E1》

柯特公司推出的CAR-15衝鋒槍發展型。陸軍於1966年6月採購,提供駐越部隊使用。翌年繼續推出改良型XM177E2,並且送至越南。

口徑:5.56mm
彈藥:5.56×45mm NATO彈
裝彈數:盒形彈匣20發、30發
作動方式:半/全自動切換式
全長:719mm,826mm(槍托伸展時)
槍管長:254mm
重量:2.36kg

《CAR-15重管突擊步槍M1》

柯特公司研製的班用自動武器,換用重型槍管以對應連續射擊。陸軍採購200挺用於測試。後來也有推出具彈鏈給彈機構的發展型M2,但由於作動機構的可靠度與耐用性有問題,因此未獲採用。

《CAR-15衝鋒槍》

車載用衝鋒槍型,槍托可伸縮。為了抑制槍口焰,加裝大型避火罩。另有具備2發/3發點放機構的槍型,美軍曾在越南實驗性使用。

《CAR-15求生步槍》

屬於空勤機組員求生附件的一環,供空軍使用的試製型。除使用喇叭形避火罩的構型之外,也有推出加裝減音器的構型。

《CAR-15卡賓槍》

使用380mm槍管的卡賓槍型。將準星前方的槍管切掉以縮短全長,沒有刺刀座。另有推出以3發點放機構取代全自動功能的槍型,但都沒有獲得軍方採用。

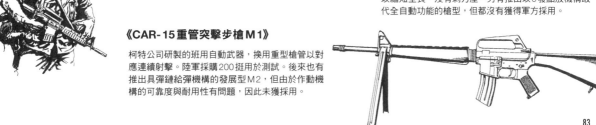

M16的射擊姿勢

《臥姿射擊》

《立姿射擊》

《戰壕射擊姿勢》

《使用兩腳架的臥姿射擊》

《依托沙包的臥姿射擊》

《跪姿射擊》

《指向射擊》

《腰射姿勢》

《蹲姿射擊》

《射擊XM177E2》

由於E1槍管長度較短，導致曳光彈發光不良，因此又推出將槍管加長至292mm的E2。延長槍管後，也能使用槍榴彈。

M16可加裝M7刺刀與M3兩腳架。

M7刺刀

M3兩腳架

《射擊CAR-15重管突擊步槍M1》

比照M14，把M16改成班用自動武器的試製型。

換彈匣的方法

①以食指按下彈匣卡榫，取下彈匣。

②自彈匣袋取出彈匣時，以大拇指按住彈匣後面，食指與中指夾住前面拉出。

③取出彈匣後，在向前伸出手臂的同時反轉手腕裝上彈匣。

衝鋒槍

美軍於M3A1之後，就沒有再採用新型衝鋒槍了。因此在越戰初期打叢林近戰時，便缺乏合適的靈活槍械，美軍只能拿出舊型衝鋒槍繼續使用。

美軍制式衝鋒槍

《M1衝鋒槍》

口徑：.45口徑
使用彈藥：.45 ACP
裝彈數：盒形彈匣
　　　　20發、30發
作動方式：半／全自動
　　　　　切換式
全長：813mm
槍管長：267mm
重量：4.74kg
發射速度：約700發／分

雖然它已落伍，而且重量偏重，但在近戰時仍能發揚火力，頗具威力。不僅南越政府軍，就連美國陸軍特種部隊在當地編成的平民非正規防衛群（CIDG）隊員，甚至是越共士兵也都會使用。

也有使用M1的簡易生產版M1A1。

《M3A1》

M3A1制式採用於二次大戰期間的1944年12月。它比M1A1輕巧，越戰期間南越政府軍、美軍、越共都有使用。

口徑：.45口徑
使用彈藥：.45 ACP彈
裝彈數：盒形彈匣30發
作動方式：全自動
全長：570mm，745mm（槍托伸展時）
槍管長：203mm
重量：3700g
發射速度：400〜450發／分

M3與M1衝鋒槍相比，不僅重量較輕，且發射速度較慢，因此全自動射擊時比較容易控槍。

M3A1的母型為M3衝鋒槍，制式採用於1943年1月。

M3衝鋒槍的構造

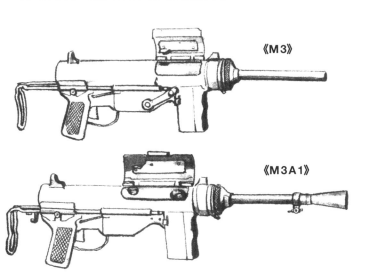

《M3》

《M3A1》

M3與M3A1的構造基本相同，外觀上的差異在於有無槍機拉柄與退殼口防塵蓋的大小，以及槍托有無裝彈輔具。兩者的避火罩可共用。

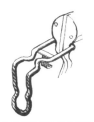

伸縮式槍托也兼具分解組合工具功能（圖中畫的是M3A1）。

卸下槍托，當作分解扳手使用。

槍托也能用來拆裝槍管。

M3A1的槍托附有裝彈輔具，把子彈塞進彈匣時可加以利用。

M3衝鋒槍的射擊姿勢

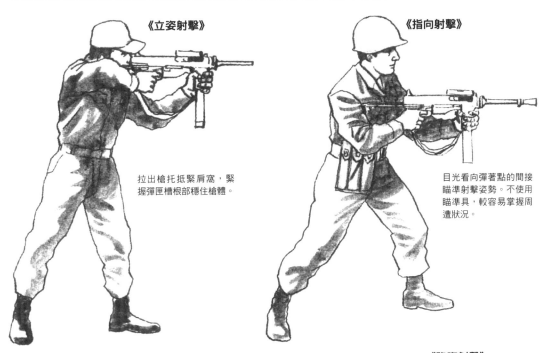

《立姿射擊》

拉出槍托抵緊肩窩，緊握彈匣槽根部穩住槍體。

《指向射擊》

目光看向彈著點的間接瞄準射擊姿勢。不使用瞄準具，較容易掌握周遭狀況。

《坐姿射擊》

《臥姿射擊》

《跪姿射擊》

用於越戰的美製衝鋒槍

美國在韓戰過後，將剩餘的舊型槍枝送往南越當作軍援。

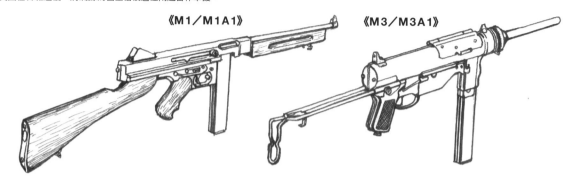

《M1／M1A1》

《M3／M3A1》

蘇聯、中國提供給北越的衝鋒槍

蘇聯將二次大戰後剩餘的本國製品以及繳獲自德軍的衝鋒槍提供給北越，隔鄰的中國也有供應自製兵器。

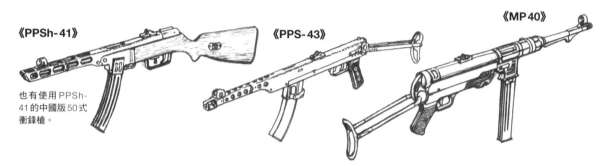

《PPSh-41》

也有使用PPSh-41的中國版50式衝鋒槍。

《PPS-43》

《MP40》

北越軍使用的其他衝鋒槍

《MAT-49》

法國製衝鋒槍。印度支那戰爭後，自法軍大量繳獲。

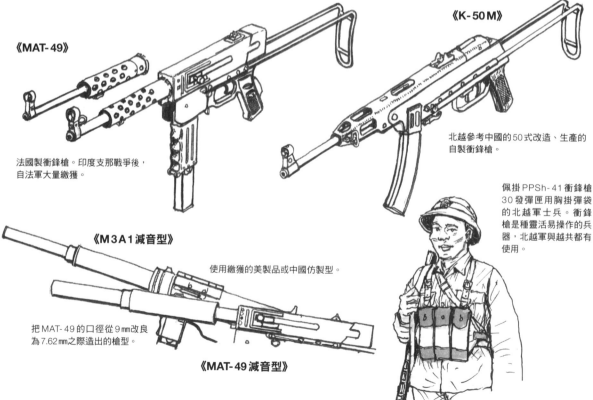

《K-50M》

北越參考中國的50式改造、生產的自製衝鋒槍。

佩掛PPSh-41衝鋒槍30發彈匣用胸掛彈袋的北越軍士兵。衝鋒槍是種靈活易操作的兵器，北越軍與越共都有使用。

《M3A1減音型》

使用繳獲的美製品或中國仿製型。

把MAT-49的口徑從9mm改良為7.62mm之際造出的槍型。

《MAT-49減音型》

美軍使用的外國製衝鋒槍

陸軍綠扁帽特種部隊與海軍的海豹隊等單位，會配備進口的外國製槍型。

《卡爾・古斯塔夫 m/45（瑞典製）》

口徑：9mm
彈藥：9mm帕拉貝倫彈（9×19mm）
裝彈數：盒形彈匣36發／50發
作動方式：全自動
全長：550mm，808mm（槍托伸展時）
槍管長：212mm
重量：3.45kg
發射速度：600發／分

瑞典軍於1945年採用的衝鋒槍。美國陸、海軍特種部隊在北越等處從事越界攻擊之際，會使用外國製的m/45以隱藏身分。

早期生產型也能使用索米型50發彈匣。

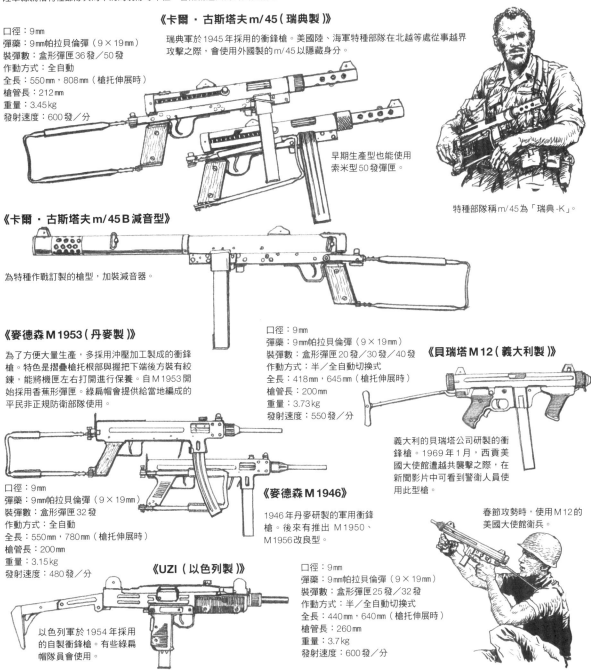

特種部隊稱m/45為「瑞典-K」。

《卡爾・古斯塔夫 m/45 B 減音型》

為特種作戰訂製的槍型，加裝減音器。

《麥德森 M1953（丹麥製）》

為了方便大量生產，多採用沖壓加工製成的衝鋒槍。特色是摺疊槍托根部與握把下端後方裝有鉸鍊，能將機匣左右打開進行保養。自M1953開始採用香蕉形彈匣。綠扁帽會提供給當地編成的平民非正規防衛部隊使用。

口徑：9mm
彈藥：9mm帕拉貝倫彈（9×19mm）
裝彈數：盒形彈匣32發
作動方式：全自動
全長：550mm，780mm（槍托伸展時）
槍管長：200mm
重量：3.15kg
發射速度：480發／分

口徑：9mm
彈藥：9mm帕拉貝倫彈（9×19mm）
裝彈數：盒形彈匣20發／30發／40發
作動方式：半／全自動切換式
全長：418mm，645mm（槍托伸展時）
槍管長：200mm
重量：3.73kg
發射速度：550發／分

《貝瑞塔 M12（義大利製）》

義大利的貝瑞塔公司研製的衝鋒槍。1969年1月，西貢美國大使館遭越共襲擊之際，在新聞影片中可看到警衛人員使用此型槍。

《麥德森 M1946》

1946年丹麥研製的軍用衝鋒槍。後來有推出 M1950、M1956改良型。

春節攻勢時，使用M12的美國大使館衛兵。

《UZI（以色列製）》

以色列軍於1954年採用的自製衝鋒槍。有些綠扁帽隊員會使用。

口徑：9mm
彈藥：9mm帕拉貝倫彈（9×19mm）
裝彈數：盒形彈匣25發／32發
作動方式：半／全自動切換式
全長：440mm，640mm（槍托伸展時）
槍管長：260mm
重量：3.7kg
發射速度：600發／分

澳洲軍的衝鋒槍

澳洲陸軍以東南亞公約組織（SEATO）加盟國身分參與越戰。

澳洲軍繼歐文槍後制式採用的自製衝鋒槍。

口徑：9mm
彈藥：9mm帕拉貝倫彈（9×19mm）
裝彈數：盒形彈匣34發
作動方式：半／全自動切換式
全長：714mm
槍管長：198mm
重量：4.3kg
發射速度：650發／分

《歐文 Mk.Ⅱ/43》

二次大戰時期採用的槍型，後由F1衝鋒槍接替，一直使用到1960年代。

口徑：9mm
彈藥：9mm帕拉貝倫彈（9×19mm）
裝彈數：盒形彈匣32發
作動方式：全自動
全長：940mm
槍管長：250mm
重量：3.47kg
發射速度：600發／分

《F1》

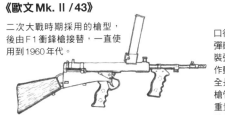

機槍

越戰初期會繼續使用二次大戰、韓戰用的BAR、M1919、M2等槍型，後來成為越南戰場主力的則是新型的M60系列通用機槍。

早期所使用的機槍

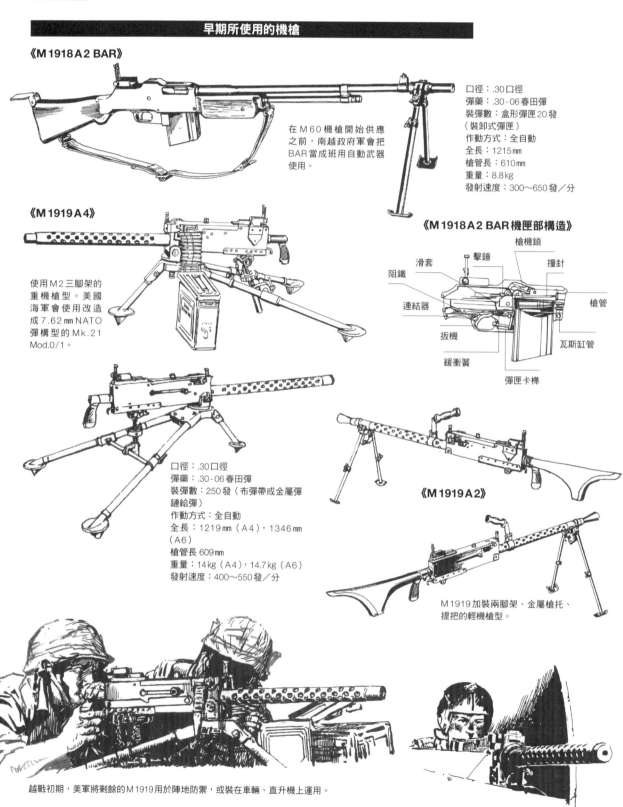

《M1918A2 BAR》

在M60機槍開始供應之前，南越政府軍會把BAR當成班用自動武器使用。

口徑：.30口徑
彈藥：.30-06春田彈
裝彈數：盒形彈匣20發（裝卸式彈匣）
作動方式：全自動
全長：1215mm
槍管長：610mm
重量：8.8kg
發射速度：300～650發／分

《M1919A4》

使用M2三腳架的重機槍型。美國海軍會使用改造成7.62mm NATO彈構型的Mk.21 Mod.0/1。

《M1918A2 BAR機匣部構造》

槍機鎖
擊錘
撞針
滑套
阻鐵
連結器
槍管
扳機
瓦斯缸管
緩衝簧
彈匣卡榫

口徑：.30口徑
彈藥：.30-06春田彈
裝彈數：250發（布彈帶或金屬彈鏈給彈）
作動方式：全自動
全長：1219mm（A4），1346mm（A6）
槍管長609mm
重量：14kg（A4），14.7kg（A6）
發射速度：400～550發／分

《M1919A2》

M1919加裝兩腳架、金屬槍托、提把的輕機槍型。

越戰初期，美軍將剩餘的M1919用於陣地防禦，或裝在車輛、直升機上運用。

M60機槍

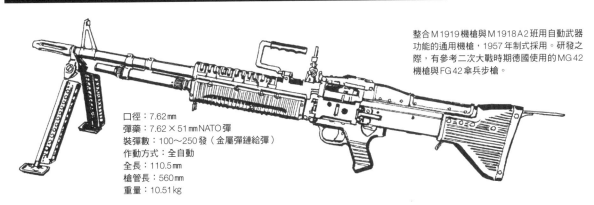

整合M1919機槍與M1918A2班用自動武器功能的通用機槍，1957年制式採用。研發之際，有參考二次大戰時期德國使用的MG42機槍與FG42傘兵步槍。

口徑：7.62mm
彈藥：7.62×51mm NATO彈
裝彈數：100～250發（金屬彈鏈給彈）
作動方式：全自動
全長：110.5mm
槍管長：560mm
重量：10.51kg

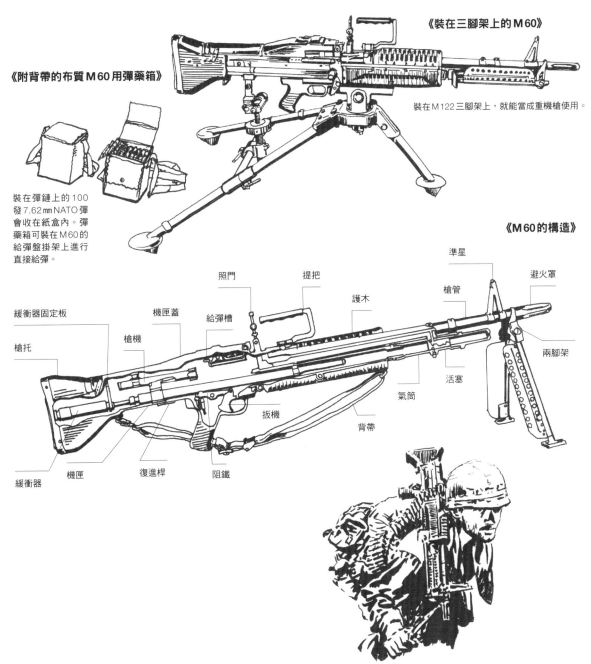

《裝在三腳架上的M60》

裝在M122三腳架上，就能當成重機槍使用。

《附背帶的布質M60用彈藥箱》

裝在彈鏈上的100發7.62mm NATO彈會收在紙盒內。彈藥箱可裝在M60的給彈盤掛架上進行直接給彈。

《M60的構造》

準星

避火罩

槍管

護木

照門

提把

給彈槽

機匣蓋

緩衝器固定板

槍機

槍托

兩腳架

活塞

氣筒

緩衝器

機匣

復進桿

阻鐵

扳機

背帶

M60的射擊姿勢

《腰射姿勢》

《握住提把前進》

M60比M1919A6輕上大約4kg，因此能輕易提至射擊位置，射擊後也容易轉移。

《臥姿射擊》

《裝在三腳架上射擊》

構築機槍陣地，能保護射手與裝填手，並且進行穩定射擊。

《M122三腳架》

改良自M1919A4機槍用的M2三腳架，加裝高低機與M60用介面，重7.3Kg。

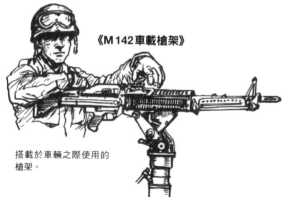

《M142車載槍架》

搭載於車輛之際使用的槍架。

更換M60的槍管

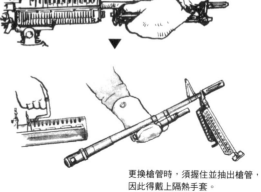

連續射擊之際，為了冷卻槍管與減少耗損，每射200發就要更換槍管。更換槍管時只要切換把手即可，相當簡單。

更換槍管時，須握住並抽出槍管，因此得戴上隔熱手套。

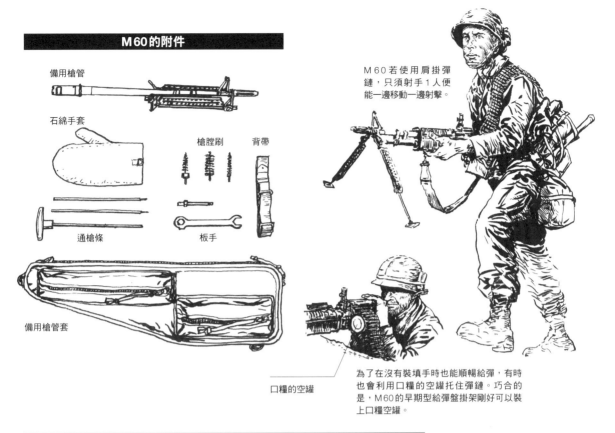

M60的附件

備用槍管

石綿手套

槍腔刷　背帶

通槍條　板手

備用槍管套

口糧的空罐

M60若使用肩掛彈鏈，只須射手1人便能一邊移動一邊射擊。

為了在沒有裝填手時也能順暢給彈，有時也會利用口糧的空罐托住彈鏈。巧合的是，M60的早期型給彈盤掛架剛好可以裝上口糧空罐。

M60的衍生型

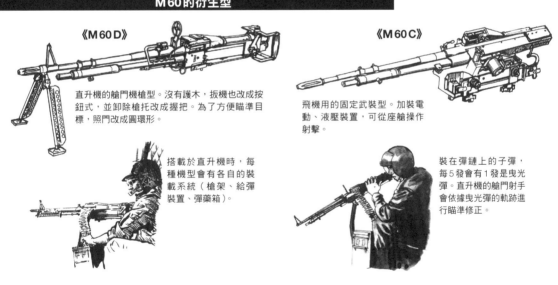

《M60D》

直升機的艙門機槍型。沒有護木，扳機也改成按鈕式，並卸除槍托改成握把。為了方便瞄準目標，照門改成圓環形。

搭載於直升機時，每種機型會有各自的裝載系統（槍架、給彈裝置、彈藥箱）。

《M60C》

飛機用的固定武裝型。加裝電動、液壓裝置，可從座艙操作射擊。

裝在彈鏈上的子彈，每5發會有1發是曳光彈。直升機的艙門射手會依據曳光彈的軌跡進行瞄準修正。

7.62mm×51子彈的威力（貫穿力）

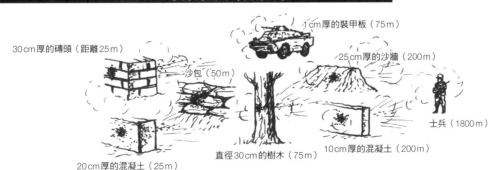

1cm厚的裝甲板（75m）

30cm厚的磚頭（距離25m）

25cm厚的沙牆（200m）

沙包（50m）

士兵（1800m）

20cm厚的混凝土（25m）

直徑30cm的樹木（75m）

10cm厚的混凝土（200m）

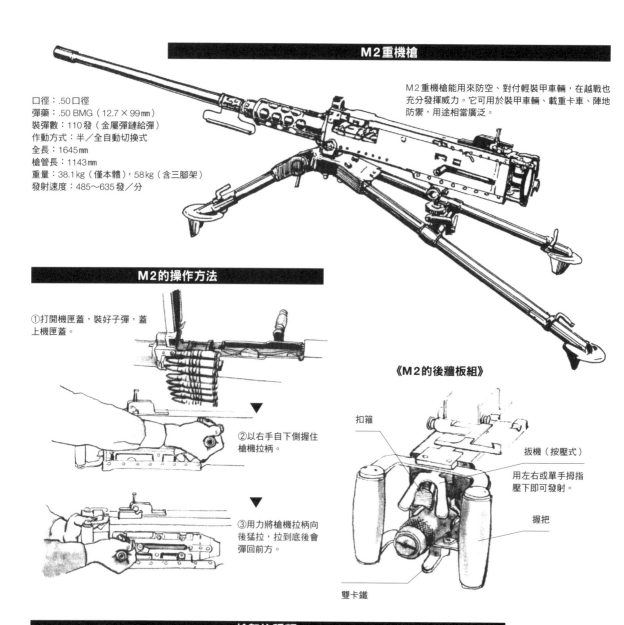

M2重機槍

口徑：.50口徑
彈藥：.50 BMG（12.7×99mm）
裝彈數：110發（金屬彈鏈給彈）
作動方式：半／全自動切換式
全長：1645mm
槍管長：1143mm
重量：38.1kg（僅本體），58kg（含三腳架）
發射速度：485～635發／分

M2重機槍能用來防空、對付輕裝甲車輛，在越戰也充分發揮威力。它可用於裝甲車輛、載重卡車、陣地防禦，用途相當廣泛。

M2的操作方法

①打開機匣蓋，裝好子彈，蓋上機匣蓋。

▼

②以右手自下側握住槍機拉柄。

▼

③用力將槍機拉柄向後猛拉，拉到底後會彈回前方。

《M2的後牆板組》

扣箍

扳機（按壓式）
用左右或單手拇指壓下即可發射。

握把

雙卡鐵

槍架的種類

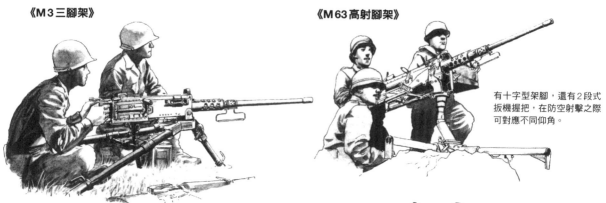

《M3三腳架》

M3三腳架重達20kg，但由於射擊時的後座力很強，因此連續射擊之際還必須以沙包壓住三腳架。

《M63高射腳架》

有十字型架腳，還有2段式扳機握把，在防空射擊之際可對應不同仰角。

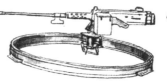

《M66環形槍架》

供卡車等車輛用的防空槍架。

霰彈槍

繼第一次世界大戰、太平洋戰爭之後，美軍也在越戰持續使用戰鬥霰彈槍，以對應各種戰況。

伊薩卡 M37

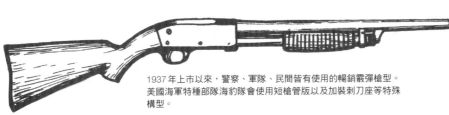

口徑：18.51mm
彈藥：12鉛徑
裝彈數：7發（管式彈倉）
作動方式：泵動式
全長：1017mm
槍管長：760mm
重量：2.3kg

1937年上市以來，警察、軍隊、民間皆有使用的暢銷霰彈槍型。
美國海軍特種部隊海豹隊會使用短槍管版以及加裝刺刀座等特殊
構型。

雷明頓 M870

口徑：18.51mm
彈藥：12鉛徑
裝彈數：7發（管式彈倉）
作動方式：泵動式
全長：1280mm
槍管長：760mm
重量：3.6kg

1950年上市，供警察與民間使用。1966年被美國海軍與陸戰
隊制式採用為Mk.Ⅰ，並有推出加上刺刀座，可裝M16步槍
用M7刺刀的槍型。

美軍在越南使用的其他霰彈槍

《溫徹斯特 M1897》

《雷明頓 M1910》

《溫徹斯特 M12》

《雷明頓 M31》

在叢林打近戰時，霰彈槍可有效對付藏身樹叢的敵人。因此不只警衛人員，戰場上的
特種部隊與步兵部隊也都會配備，並充分發揮效果。美軍使用的霰彈槍口徑皆統一為
12鉛徑。

榴彈發射器

榴彈發射器比迫擊砲輕便易操作，不僅威力強過槍榴彈，且能將彈藥投射得比手榴彈更準、更遠。它在越南的叢林與城鎮戰中充分發揮威力，是士兵頗為倚重的武器。

M 79 榴彈槍

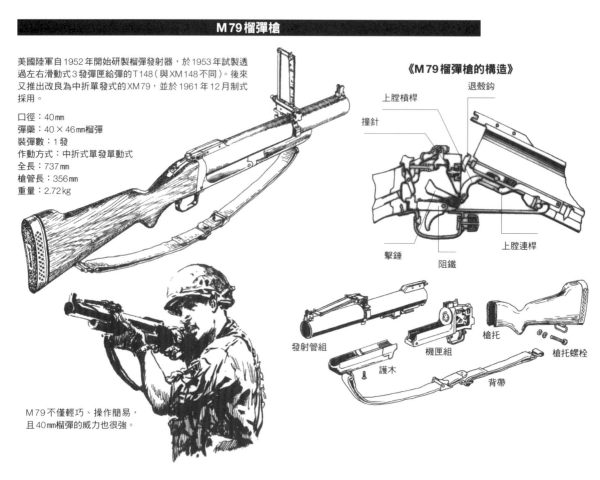

美國陸軍自1952年開始研製榴彈發射器，於1953年試製透過左右滑動式3發彈匣給彈的T148（與XM148不同）。後來又推出改良為中折單發式的XM79，並於1961年12月制式採用。

口徑：40mm
彈藥：40×46mm榴彈
裝彈數：1發
作動方式：中折式單發單動式
全長：737mm
槍管長：356mm
重量：2.72kg

《M 79 榴彈槍的構造》

退殼鉤
上腔槓桿
撞針
上腔連桿
擊錘
阻鐵

發射管組
護木
機匣組
槍托
槍托螺栓
背帶

M 79 不僅輕巧、操作簡易，且40mm榴彈的威力也很強。

XM 148 榴彈發射器

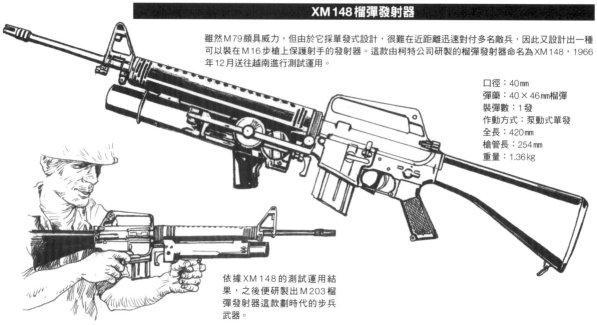

雖然M79頗具威力，但由於它採單發式設計，很難在近距離迅速對付多名敵兵，因此又設計出一種可以裝在M16步槍上保護射手的發射器。這款由柯特公司研製的榴彈發射器命名為XM148，1966年12月送往越南進行測試運用。

口徑：40mm
彈藥：40×46mm榴彈
裝彈數：1發
作動方式：泵動式單發
全長：420mm
槍管長：254mm
重量：1.36kg

依據XM148的測試運用結果，之後便研製出M203榴彈發射器這款劃時代的步兵武器。

M79的射擊姿勢

《跪姿直接射擊》

《坐姿間接射擊》

《立姿射擊》

《跪姿間接射擊》

只要踩住預先標在背帶上的發射角度印記，就能迅速配合射擊距離調整角度發射榴彈。

榴彈射手為了應付出現在眼前的敵人，會配備M1911A1當作副武器。

M79的瞄準方法

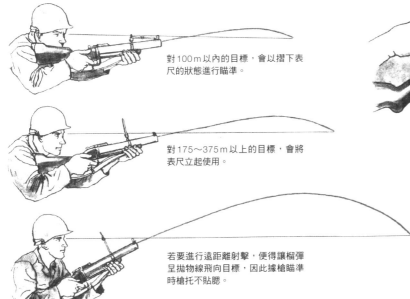

對100m以內的目標，會以摺下表尺的狀態進行瞄準。

對175～375m以上的目標，會將表尺立起使用。

若要進行遠距離射擊，便得讓榴彈呈拋物線飛向目標，因此據槍瞄準時槍托不貼腮。

M79的裝填、退殼

M79採中折式設計，打開發射管卡榫撥桿便能折開發射管裝填榴彈。

▼

由於沒有自動退殼機構，因此發射後要用手把空彈殼拉出來。

M203 榴彈發射器

雖然裝在M16上的XM148評價還不錯，但由於瞄準具與機關部的構造過於複雜，很難迅速瞄準，且也不好保養。為了改善這些缺點，便繼續推出XM203，於1969年4月送往越南。XM203在當地經過實戰測試後，於同年7月制式採用為M203。

口徑：40mm
彈藥：40×46mm榴彈
裝彈數：1發
作動方式：泵動式單發
全長：380mm
發射管長：305mm
重量：1.36kg

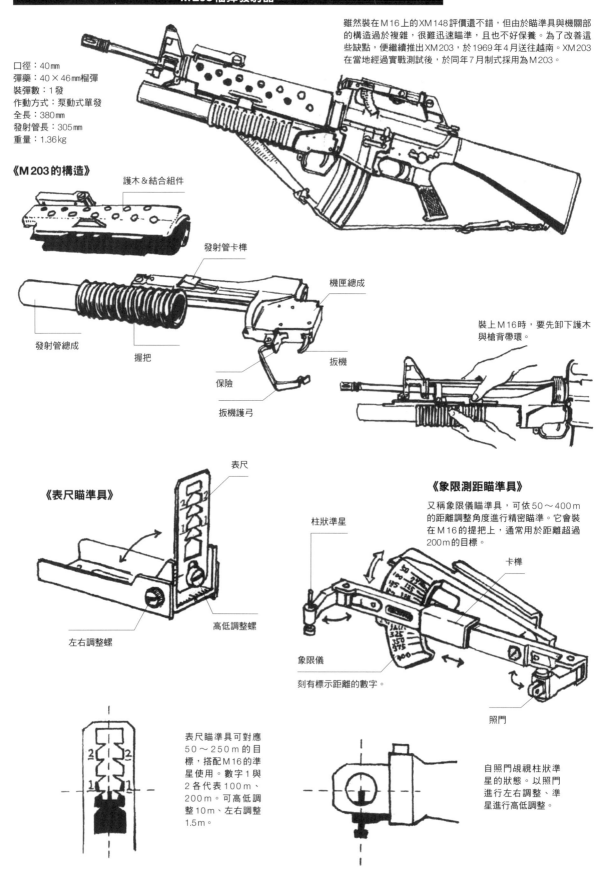

《M203的構造》

護木＆結合組件

發射管卡榫

機匣總成

發射管總成

握把

保險

扳機護弓

扳機

裝上M16時，要先卸下護木與槍背帶環。

《表尺瞄準具》

表尺

高低調整螺

左右調整螺

《象限測距瞄準具》

又稱象限儀瞄準具，可依50～400m的距離調整角度進行精密瞄準。它會裝在M16的提把上，通常用於距離超過200m的目標。

柱狀準星

卡榫

象限儀

刻有標示距離的數字。

照門

表尺瞄準具可對應50～250m的目標，搭配M16的準星使用。數字1與2各代表100m、200m。可高低調整10m、左右調整1.5m。

自照門覘視柱狀準星的狀態。以照門進行左右調整、準星進行高低調整。

M203的附件

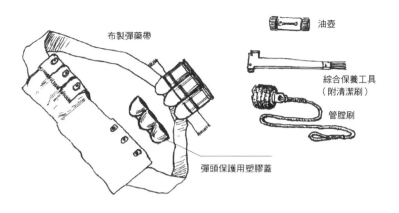

布製彈藥帶

油壺

綜合保養工具
（附清潔刷）

管腔刷

彈頭保護用塑膠蓋

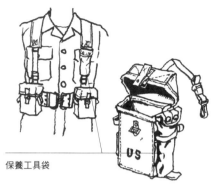

保養工具袋

1個M56通用攜行袋可
容納3發40mm榴彈。

M203的基本據槍法

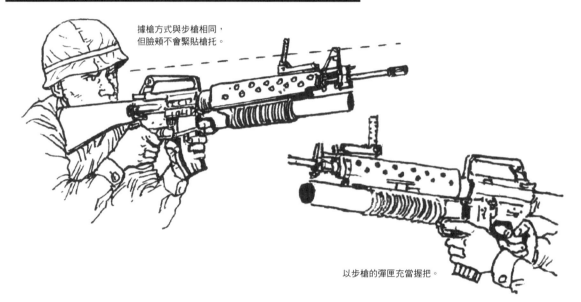

據槍方式與步槍相同，
但臉頰不會緊貼槍托。

以步槍的彈匣充當握把。

M203的操作方法

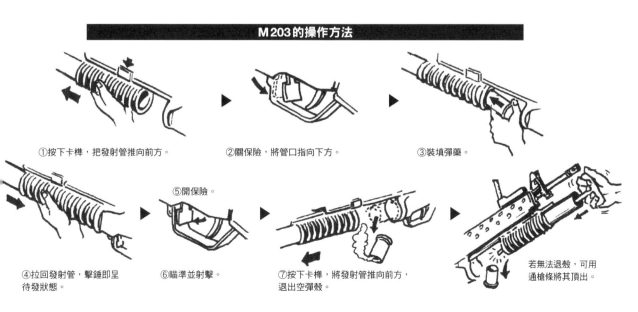

①按下卡榫，把發射管推向前方。

②關保險，將管口指向下方。

③裝填彈藥。

④拉回發射管，擊錘即呈
待發狀態。

⑤開保險。

⑥瞄準並射擊。

⑦按下卡榫，將發射管推向前方，
退出空彈殼。

若無法退殼，可用
通槍條將其頂出。

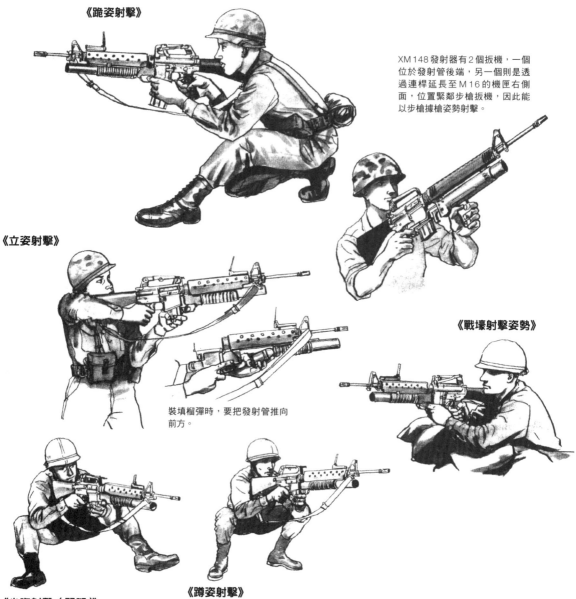

《跪姿射擊》

XM148 發射器有 2 個扳機，一個位於發射管後端，另一個則是透過連桿延長至 M16 的機匣右側面，位置緊鄰步槍扳機，因此能以步槍據槍姿勢射擊。

《立姿射擊》

《戰壕射擊姿勢》

裝填榴彈時，要把發射管推向前方。

《坐姿射擊（開腿）》

《蹲姿射擊》

40mm榴彈（M406 HE彈）的構造

40×46mm榴彈與一般彈藥不同，特色是發射時的後座力較弱。它的彈殼內部分成高壓室與低壓室，火藥會在高壓室點火，燃燒氣體則由噴氣孔吹向低壓室，以減壓後的氣體推動彈頭發射。

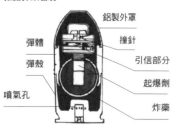

鋁製外罩

彈體
彈殼

撞針
引信部分
起爆劑

噴氣孔
炸藥

40mm榴彈的種類

榴彈發射器使用的彈藥，依用途分成數個種類。

《M406 HE彈（榴彈）》

金色
綠色

最常用的人員殺傷榴彈，彈頭發射後會在 10～27m 的距離進入備炸狀態。

《M407 練習彈》

銀色

射擊訓練用。彈頭不會爆炸，而是用黃色粉末取代炸藥，以標記彈著點。

《M397 跳炸榴彈》

奶油色或淺橄欖綠

命中後會彈跳至離地 1.5m 處爆炸。

《M436 HE彈》

黑色

彈頭爆炸時不會發出煙幕與閃光的榴彈。

《M433 HEDP彈（對人／對物榴彈）》

橘色

可貫穿混凝土牆或 50mm 厚裝甲板的榴彈。

手榴彈

美軍的手榴彈主要用於人員殺傷，另有燒夷彈、煙幕彈、照明彈、催淚彈等種類。

M26A1手榴彈

《M26A1的構造》

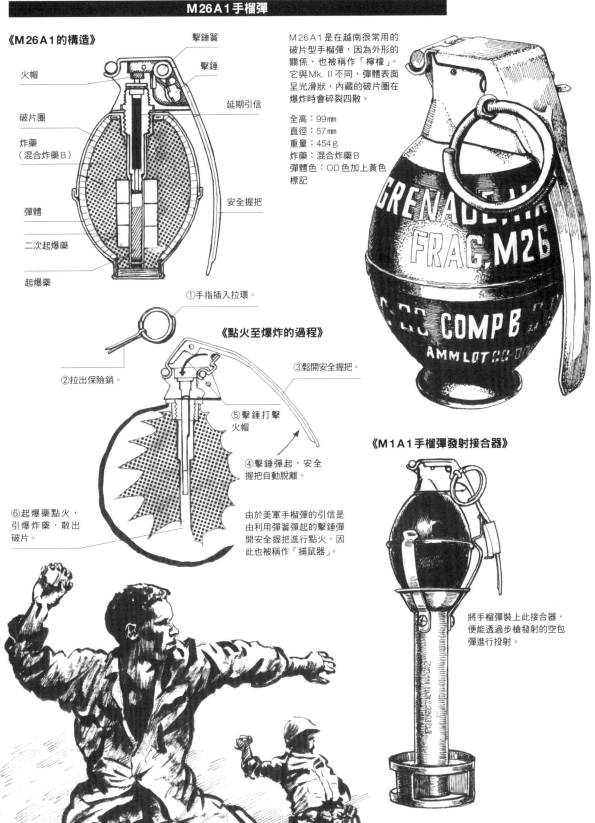

- 擊錘簧
- 擊錘
- 火帽
- 延期引信
- 破片圈
- 炸藥（混合炸藥B）
- 安全握把
- 彈體
- 二次起爆藥
- 起爆藥

M26A1是在越南很常用的破片型手榴彈，因為外形的關係，也被稱作「檸檬」。它與Mk. II不同，彈體表面呈光滑狀，內藏的破片圈在爆炸時會碎裂四散。

全高：99mm
直徑：57mm
重量：454g
炸藥：混合炸藥B
彈體色：OD色加上黃色標記

《點火至爆炸的過程》

①手指插入拉環。

②拉出保險銷。

③鬆開安全握把。

④擊錘彈起，安全握把自動脫離。

⑤擊錘打擊火帽

⑥起爆藥點火，引爆炸藥，散出破片。

由於美軍手榴彈的引信是由利用彈簧彈起的擊錘彈開安全握把進行點火，因此也被稱作「捕鼠器」。

《M1A1手榴彈發射接合器》

將手榴彈裝上此接合器，便能透過步槍發射的空包彈進行投射。

手榴彈的操作法

手榴彈是一種在近戰中極具効力的武器，但若操作方法錯誤，便有可能對自己人造成嚴重傷害，因此務必得熟習它的使用方法！

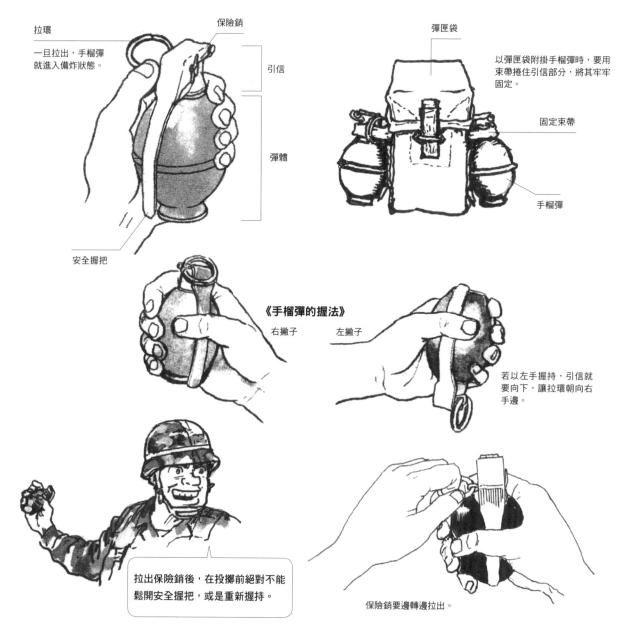

拉環
一旦拉出，手榴彈就進入備炸狀態。

保險銷

引信

彈體

安全握把

彈匣袋

以彈匣袋附掛手榴彈時，要用束帶捲住引信部分，將其牢牢固定。

固定束帶

手榴彈

《手榴彈的握法》

右撇子　　左撇子

若以左手握持，引信就要向下，讓拉環朝向右手邊。

拉出保險銷後，在投擲前絕對不能鬆開安全握把，或是重新握持。

保險銷要邊轉邊拉出。

美軍手榴彈的種類

雖然都叫手榴彈，但依據用途，仍會分成許多種類喔！

《M67手榴彈》

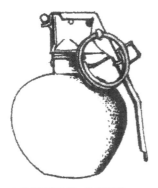

人殺傷用破片型，為M59的改良型。引信部分裝有壓住安全握把的安全夾。

《M69訓練用手榴彈》

M67的訓練型，沒有裝填炸藥。

《MkⅡ手榴彈》

人殺傷用破片型，因為外形而被稱作「鳳梨」。

《M18煙幕手榴彈》

用於製造煙幕與標示信號。煙幕顏色有白、黑、紅、綠、紫、黃色共6種，點火後最大可燃燒約90秒並產生煙幕。

《Mk.I照明手榴彈》

用於夜間照明與標示信號，可照射直徑約200m的範圍約25秒。由於照明劑會燃燒，因此對可燃物也具有縱火效果。

《M34煙幕手榴彈》

用於遮蔽與信號，也可用來縱火。外殼為鐵製，點火後，內部的白磷會燃燒約60秒並產生煙幕。

《Mk.ⅢA1手榴彈》

以爆震殺傷敵人的攻擊型手榴彈。

《M14燒夷手榴彈》

使用鋁熱劑的燒夷彈。可產生3000度高溫，能熔化金屬，用於摧毀兵器或對建築物縱火。

《M25A2催淚手榴彈》

用於鎮壓暴徒的催淚瓦斯（CS瓦斯）彈。採球形設計，點火後會邊滾邊噴出催淚瓦斯。

《M7A3催淚手榴彈》

用於鎮壓暴徒的催淚瓦斯（CS瓦斯）彈。點火後可噴出催淚瓦斯15～30秒。

手榴彈的種類會以彈體顏色及文字標記顏色加以識別。
破片型及照明彈：OD底配黃色
煙幕彈：依煙幕劑種類，使用不同標記顏色，包括OD底配螢光綠、綠底配黑色、灰地配黃色。
燒夷彈：灰底配紫色
催淚彈：灰底配紅色
訓練用：藍底配白色

手榴彈的投擲方法

《立姿投擲》

最容易投擲的姿勢，投擲距離也較遠。

以自然動作進行投擲，投出後須臥倒或藏身於掩蔽物後方等待爆炸。

手榴彈的投擲方法，會依狀況與地點而有各種樣式。士兵在戰場上會應用基本原則進行投擲。

《自壕內投擲的方法》

①握住手榴彈，拉出保險銷。

②確認目標位置。

③奮力投出。

《臥姿投擲》

在無掩蔽物時向遠方投擲的姿勢。

①立起上半身投擲。

②投擲後立刻臥倒。

《臥姿轉身投擲》

對付近距離之敵，難以採取其他姿勢時的投擲方法。

①與目標呈垂直仰臥。

②利用轉身力量進行投擲。

③投擲後俯臥緊貼於地。

手榴彈攜行範例

攜行手榴彈時，可將安全握把插在裝備吊帶的吊環、彈匣袋兩側、S腰帶等處。

將手榴彈掛在M56裝備吊帶扣具上的陸軍士兵。很多士兵都會利用裝備吊帶攜掛手榴彈。

越戰早期的美國陸戰隊員。將手榴彈掛在裝備吊帶的吊環上。

除了放在防破片衣的口袋裡面，也能掛在S腰帶上。

為了能夠迅速取下使用，掛在彈匣袋兩側、S腰帶等腰際位置。1顆手榴彈的重量約為400～500ｇ，若攜帶太多，反而會妨礙行動。

放在M16用彈匣背袋內的使用例。

野戰個人裝備包括2個彈匣袋，因此能攜掛4顆手榴彈。

M1956裝備的彈匣袋設計成可在兩側各掛1顆手榴彈。

反戰車武器

由於在北越軍於戰爭後半期對前線投入裝甲車輛之前，並無反戰車戰鬥需求，因此美軍與南越軍的反戰車武器會拿來攻擊火力點。

M20 火箭筒

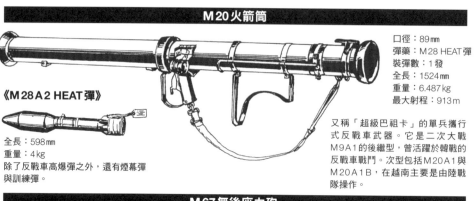

口徑：89mm
彈藥：M28 HEAT彈
裝彈數：1發
全長：1524mm
重量：6.487kg
最大射程：913m

《攜行狀態》

《M28A2 HEAT彈》

全長：598mm
重量：4kg
除了反戰車高爆彈之外，還有煙幕彈與訓練彈。

又稱「超級巴祖卡」的單兵攜行式反戰車武器。它是二次大戰M9A1的後繼型，曾活躍於韓戰的反戰車戰鬥。次型包括M20A1與M20A1B，在越南主要是由陸戰隊操作。

為方便攜行，發射筒可自中央拆成兩截。

M67無後座力砲

用以取代M18 57mm無後座力砲的後繼型，在設計上更為重視攜行性。

口徑：90mm
彈藥：M371A1 HEAT彈、M590對人霰彈
裝彈數：1發
全長：1346mm
重量：10.3kg
最大射程：2100m

M67須由射手與裝填手2人操作。反戰車高爆彈的有效射程為400m，其威力最大可貫穿350mm厚的裝甲板，或是破壞1100mm厚的土牆。

M67附有兩腳架，能穩定射擊。

M40 106mm無後座力砲

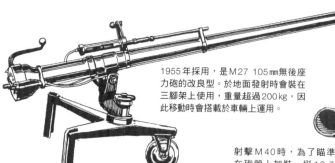

口徑：105mm
彈藥：M344A1 HEAT、M346A1 HEP-T等
裝彈數：1發
全長：3404mm
砲管長：3332.7mm
重量：209.5kg（含三腳架）
最大射程：約6800m

1955年採用，是M27 105mm無後座力砲的改良型。於地面發射時會裝在三腳架上使用，重量超過200kg，因此移動時會搭載於車輛上運用。

射擊M40時，為了瞄準目標，會在砲管上加裝一挺12.7mm同軸標定槍，用來發射曳光彈以確認彈著點，待彈著點確認後才發射砲彈。

《搭載M40無後座力砲的M151A1C》

改良自M151 MUTT，搭載火砲與彈藥，若有必要也能把砲卸至地面使用。

《無後座力砲的砲閂》

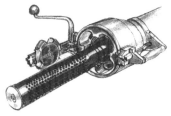

發射之際，砲彈的燃燒氣體會從密布於藥筒上的小孔噴出，抵銷射擊時的後座力。自藥筒噴出的氣體，會從尾閂的孔洞向後方排出。

M72 LAW

M72 LAW（Light Anti-Tank Weapon的簡稱）是用來取代M20的反戰車武器，用以對付輕裝甲車輛。它的火箭彈內置於發射筒內，是種射後即丟的一次性武器。其威力最大可貫穿300mm厚的裝甲板，不僅可以對付裝甲車輛，還能用來攻擊敵軍掩體。

口徑：66mm
彈藥：66mm HEAT彈
裝彈數：1發
全長：881mm，630mm
（收納狀態）
重量：2.13kg
最大射程：1000m

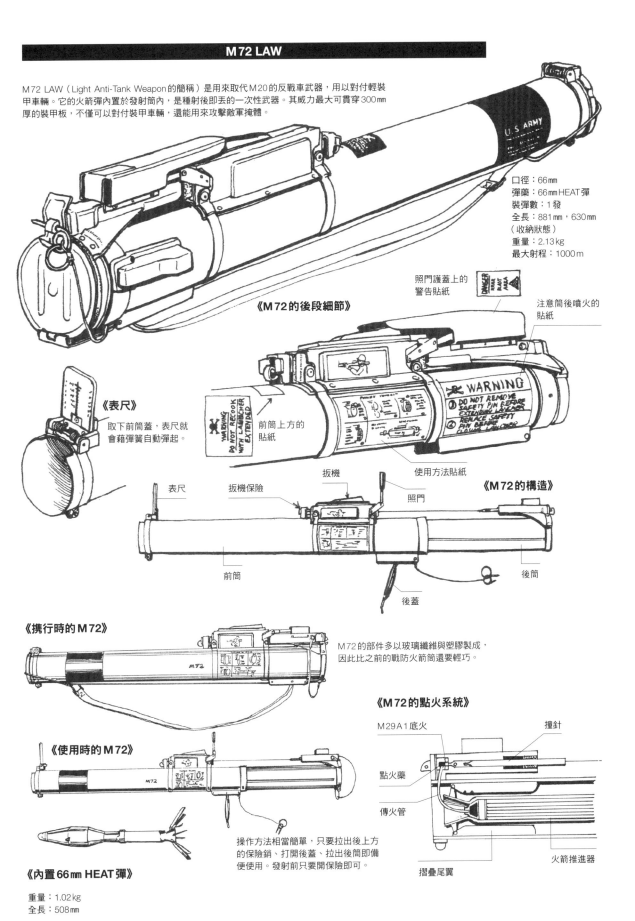

《M72的後段細節》

照門護蓋上的
警告貼紙

注意筒後噴火的
貼紙

《表尺》
取下前筒蓋，表尺就
會藉彈簧自動彈起。

前筒上方的
貼紙

使用方法貼紙

《M72的構造》

表尺　　扳機保險　　扳機

照門

前筒

後蓋

後筒

《携行時的M72》

M72的部件多以玻璃纖維與塑膠製成，
因此比之前的戰防火箭筒還要輕巧。

《使用時的M72》

《M72的點火系統》

M29A1底火

撞針

點火藥

傳火管

火箭推進器

摺疊尾翼

操作方法相當簡單，只要拉出後上方
的保險銷、打開後蓋、拉出後筒即備
便使用。發射前只要開保險即可。

《內置66mm HEAT彈》

重量：1.02kg
全長：508mm

M72的携行、發射姿勢

輕巧的M72附有背帶,是種很適合步兵携行的反戰車武器。

M72(圖中畫的是M72A1)不需裝填手,由單兵即可迅速射擊。

使用試製型的士兵。表尺形狀與量產型不同。

《盤腿坐姿射擊》

《開腿坐姿射擊》

《立姿射擊》

M72的反戰車戰鬥

後方攻擊
HIT 140m／KILL 100m

頂部攻擊
HIT 220m／KILL 140m

正面攻擊
HIT 140m／KILL 100m

雖然美國陸軍的教範中有標示HIT(可命中)與KILL(可破壞)的最大距離,但在實戰中則會依目標狀況而有變化。

側面攻擊
HIT 160m／KILL 50m

M72A1

1960年代末期，推出改良M72火箭彈的推進劑與發射管的M72A1，並獲美軍採用。

全長：656mm（收筒時），893mm（射擊時）
重量：2.31kg
最大射程：1000m

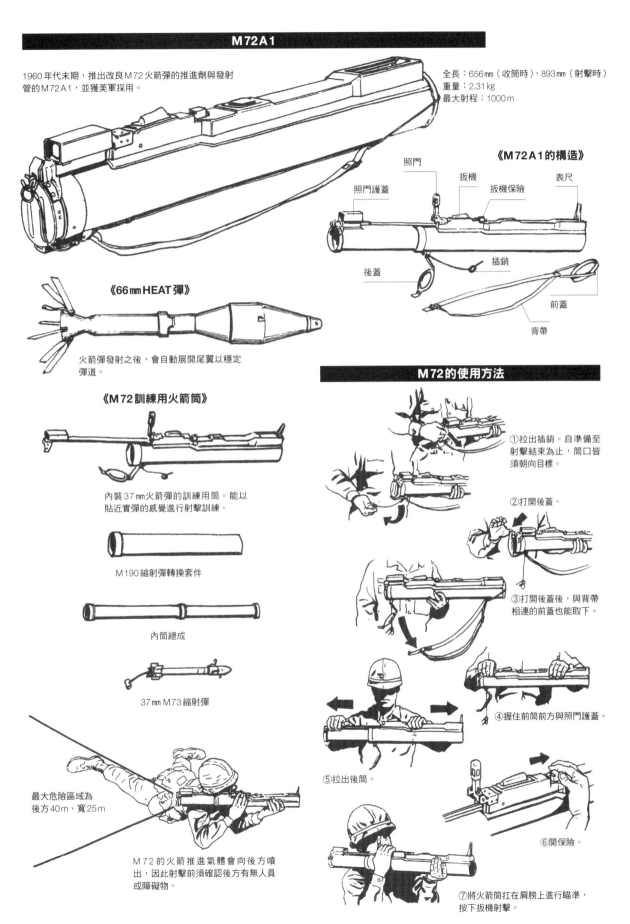

《M72A1的構造》

照門
扳機
表尺
照門護蓋
扳機保險
後蓋
插銷
前蓋
背帶

《66mm HEAT彈》

火箭彈發射之後，會自動展開尾翼以穩定彈道。

《M72訓練用火箭筒》

內裝37mm火箭彈的訓練用筒。能以貼近實彈的感覺進行射擊訓練。

M190縮射彈轉換套件

內筒總成

37mm M73縮射彈

最大危險區域為後方40m、寬25m

M72的火箭推進氣體會向後方噴出，因此射擊前須確認後方有無人員或障礙物。

M72的使用方法

①拉出插銷。自準備至射擊結束為止，筒口皆須朝向目標。

②打開後蓋。

③打開後蓋後，與背帶相連的前蓋也能取下。

④握住前筒前方與照門護蓋。

⑤拉出後筒。

⑥開保險。

⑦將火箭筒扛在肩膀上進行瞄準，按下扳機射擊。

迫擊砲

迫擊砲可為友軍部隊提供支援砲擊，或是用來阻絕敵軍，用途相當廣泛，是種適合近距離砲擊的武器。按口徑可分成輕、中、重型迫擊砲3種，依支援部隊的規模進行配備。

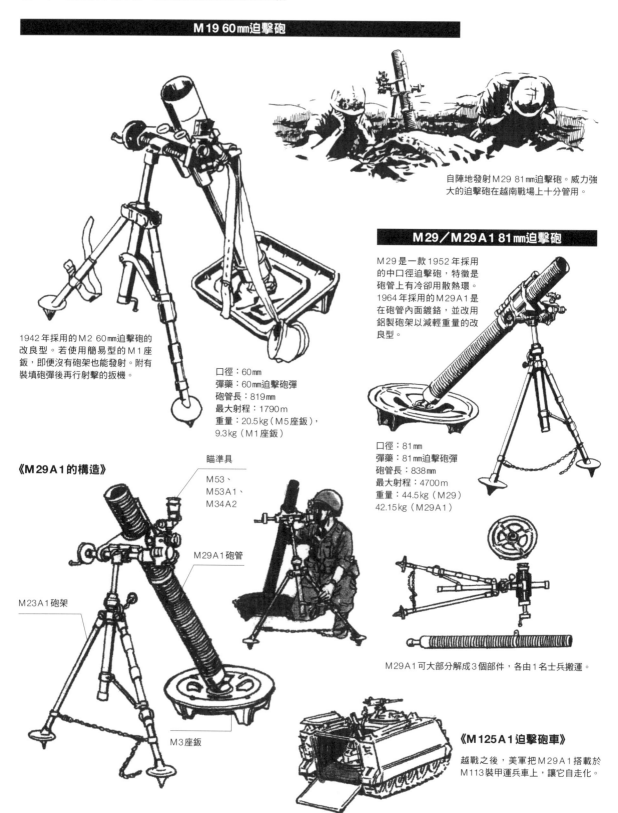

M19 60mm迫擊砲

自陣地發射M29 81mm迫擊砲。威力強大的迫擊砲在越南戰場上十分管用。

1942年採用的M2 60mm迫擊砲的改良型。若使用簡易型的M1座鈑，即便沒有砲架也能發射。附有裝填砲彈後再行射擊的扳機。

口徑：60mm
彈藥：60mm迫擊砲彈
砲管長：819mm
最大射程：1790m
重量：20.5kg（M5座鈑），
9.3kg（M1座鈑）

M29／M29A1 81mm迫擊砲

M29是一款1952年採用的中口徑迫擊砲，特徵是砲管上有冷卻用散熱環。1964年採用的M29A1是在砲管內面鍍鉻，並改用鋁製砲架以減輕重量的改良型。

口徑：81mm
彈藥：81mm迫擊砲彈
砲管長：838mm
最大射程：4700m
重量：44.5kg（M29）
42.15kg（M29A1）

M29A1可大部分解成3個部件，各由1名士兵搬運。

《M29A1的構造》

瞄準具

M53、
M53A1、
M34A2

M29A1砲管

M23A1砲架

M3座鈑

《M125A1迫擊砲車》

越戰之後，美軍把M29A1搭載於M113裝甲運兵車上，讓它自走化。

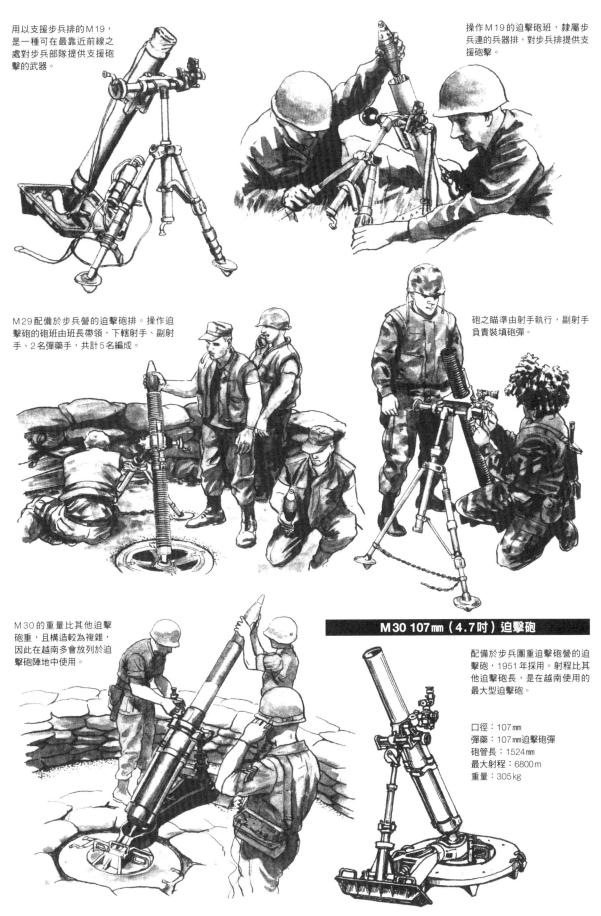

用以支援步兵排的 M 19，是一種可在最靠近前線之處對步兵部隊提供支援砲擊的武器。

操作 M 19 的迫擊砲班，隸屬步兵連的兵器排，對步兵排提供支援砲擊。

M 29 配備於步兵營的迫擊砲排。操作迫擊砲的砲班由班長帶領，下轄射手、副射手、2 名彈藥手，共計 5 名編成。

砲之瞄準由射手執行，副射手負責裝填砲彈。

M 30 的重量比其他迫擊砲重，且構造較為複雜，因此在越南多會放列於迫擊砲陣地中使用。

M 30 107 mm（4.7 吋）迫擊砲

配備於步兵團重迫擊砲營的迫擊砲，1951 年採用。射程比其他迫擊砲長，是在越南使用的最大型迫擊砲。

口徑：107 mm
彈藥：107 mm 迫擊砲彈
砲管長：1524 mm
最大射程：6800 m
重量：305 kg

噴火器

噴火器可有效對付潛藏於洞窟或碉堡等掩蔽陣地中的敵軍。在越南，它除了用來攻擊外，還會用以燒毀被敵軍當作據點的建築物或糧食等物資。

M2A1噴火器

《M2A1噴火器的構造》

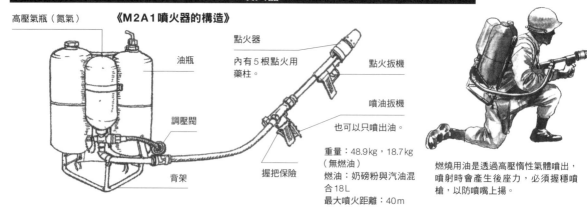

高壓氣瓶（氮氣）

油瓶

調壓閥

背架

握把保險

點火器

內有5根點火用藥柱。

點火扳機

噴油扳機

也可以只噴出油。

重量：48.9kg，18.7kg（無燃油）
燃油：奶磅粉與汽油混合18L
最大噴火距離：40m

燃燒用油是透過高壓惰性氣體噴出，噴射時會產生後座力，必須握穩噴槍，以防噴嘴上揚。

M2A1-7噴火器

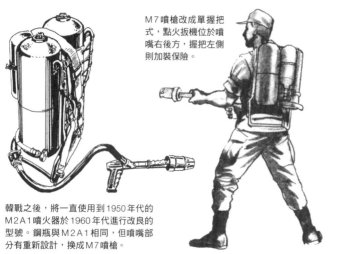

M7噴槍改成單握把式，點火扳機位於噴嘴右後方，握把左側則加裝保險。

韓戰之後，將一直使用到1950年代的M2A1噴火器於1960年代進行改良的型號。鋼瓶與M2A1相同，但噴嘴部分有重新設計，換成M7噴槍。

M9A1-7噴火器

M2A1的後繼型噴火器。高壓氣瓶改成球形，重量比較輕。

重量：22.7kg，11.3kg（無燃油）
燃油：奶磅粉與汽油混合15L
最大噴火距離：50m

特種武器

越戰除了既存武器之外，還有投入應用當時最新科技的武器與裝備。這些武器有些會持續發展，並一直使用到現在，有些則僅曇花一現。

AN/TVS-2星光夜視鏡

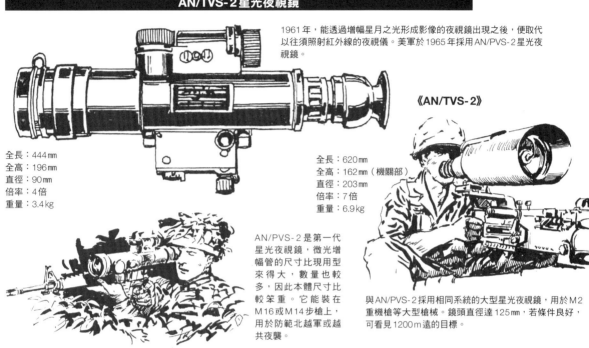

1961年，能透過增幅星月之光形成影像的夜視鏡出現之後，便取代以往須照射紅外線的夜視儀。美軍於1965年採用AN/PVS-2星光夜視鏡。

《AN/TVS-2》

全長：444mm
全高：196mm
直徑：90mm
倍率：4倍
重量：3.4kg

全長：620mm
全高：162mm（機關部）
直徑：203mm
倍率：7倍
重量：6.9kg

AN/PVS-2是第一代星光夜視鏡，微光增幅管的尺寸比現用型來得大，數量也較多，因此本體尺寸比較笨重。它能裝在M16或M14步槍上，用於防範北越軍或越共夜襲。

與AN/PVS-2採用相同系統的大型星光夜視鏡，用於M2重機槍等大型槍械。鏡頭直徑達125mm，若條件良好，可看見1200m遠的目標。

E-62（XM-2）人員嗅探器

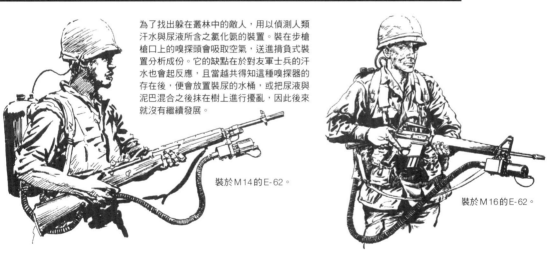

為了找出躲在叢林中的敵人，用以偵測人類汗水與尿液所含之氫化氨的裝置。裝在步槍槍口上的嗅探頭會吸取空氣，送進背負式裝置分析成份。它的缺點在於對友軍士兵的汗水也會起反應，且當越共得知這種嗅探器的存在後，便會放置裝尿的水桶，或把尿液與泥巴混合之後抹在樹上進行擾亂，因此後來就沒有繼續發展。

裝於M14的E-62。

裝於M16的E-62。

特種彈藥

《M198雙彈頭普通彈》

研製7.62mm NATO彈時推出的普通彈變化型。它裝有2個縱列彈頭，意圖在射擊時倍增火力。然而，其效果卻不盡理想，因此到了1970年便不再配備。

《12.7mm飛鏢彈》

M2機槍使用的12.7mm NATO彈的試製變化型。彈頭以多根小飛鏢構成，用來對付近距離的敵人。

M18A1闊劍人員殺傷雷

M18A1與一般地雷不同,爆炸時會朝特定方向噴撒破片,是一種防禦用定向式人員殺傷雷。由於它可遙控引爆,因此不僅能用於防禦,也能在伏擊時發揮威力。

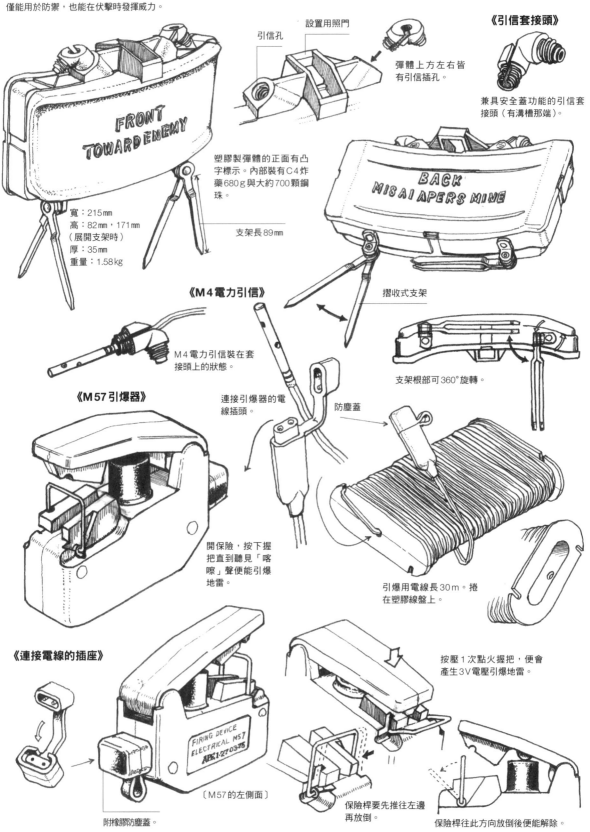

引信孔

設置用照門

彈體上方左右皆有引信插孔。

《引信套接頭》

兼具安全蓋功能的引信套接頭(有溝槽那端)。

FRONT TOWARD ENEMY

塑膠製彈體的正面有凸字標示。內部裝有C4炸藥680g與大約700顆鋼珠。

寬:215mm
高:82mm,171mm
(展開支架時)
厚:35mm
重量:1.58kg

支架長89mm

BACK M18A1 APERS MINE

摺收式支架

《M4電力引信》

M4電力引信裝在套接頭上的狀態。

支架根部可360°旋轉。

《M57引爆器》

連接引爆器的電線插頭。

防塵蓋

開保險,按下握把直到聽見「喀嚓」聲便能引爆地雷。

引爆用電線長30m。捲在塑膠線盤上。

《連接電線的插座》

FIRING DEVICE
ELECTRICAL M57
APERS 1-27 0375

〔M57的左側面〕

附橡膠防塵蓋。

保險桿要先推往左邊再放倒。

按壓1次點火握把,便會產生3V電壓引爆地雷。

保險桿往此方向放倒後便能解除。

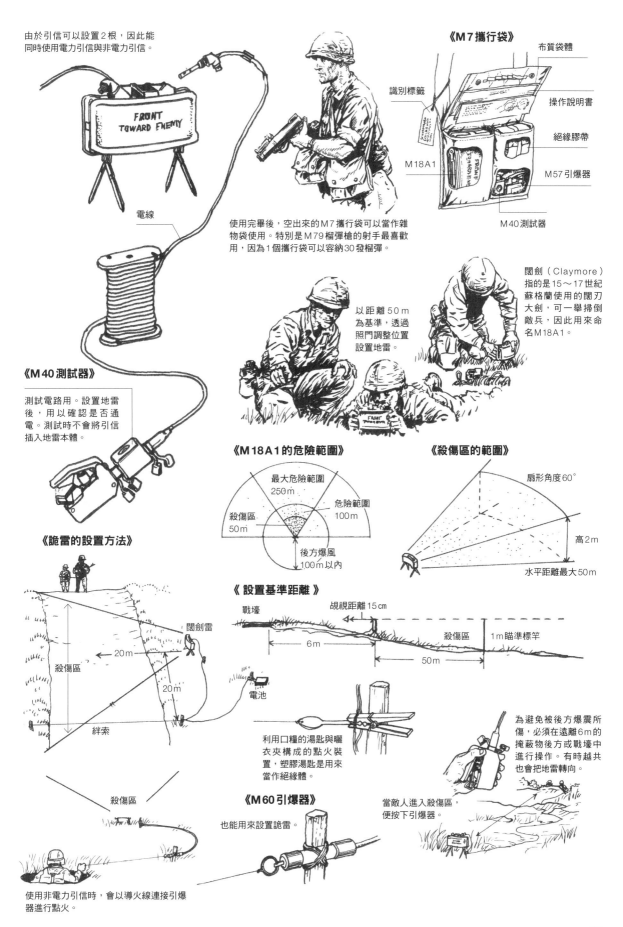

由於引信可以設置2根，因此能同時使用電力引信與非電力引信。

《M7攜行袋》

布質袋體

識別標籤

操作說明書

絕緣膠帶

M18A1

M57引爆器

M40測試器

使用完畢後，空出來的M7攜行袋可以當作雜物袋使用。特別是M79榴彈槍的射手最喜歡用，因為1個攜行袋可以容納30發榴彈。

電線

閣劍（Claymore）指的是15～17世紀蘇格蘭使用的闊刃大劍，可一舉掃倒敵兵，因此用來命名M18A1。

以距離50m為基準，透過照門調整位置設置地雷。

《M40測試器》

測試電路用。設置地雷後，用以確認是否通電。測試時不會將引信插入地雷本體。

《M18A1的危險範圍》

最大危險範圍
250m

殺傷區
50m

危險範圍
100m

後方爆風
100m以內

《殺傷區的範圍》

扇形角度60°

高2m

水平距離最大50m

《詭雷的設置方法》

戰壕

覘視距離15cm

闊劍雷

殺傷區

20m

20m

絆索

電池

殺傷區

《設置基準距離》

6m

殺傷區

50m

1m瞄準標竿

利用口糧的湯匙與曬衣夾構成的點火裝置，塑膠湯匙是用來當作絕緣體。

為避免被後方爆震所傷，必須在遠離6m的掩蔽物後方或戰壕中進行操作。有時越共也會把地雷轉向。

《M60引爆器》

也能用來設置詭雷。

當敵人進入殺傷區，便按下引爆器。

使用非電力引信時，會以導火線連接引爆器進行點火。

刺刀

在越南打叢林戰時，刺刀也是一種很有效的兵器，各型步槍都有專用刺刀。

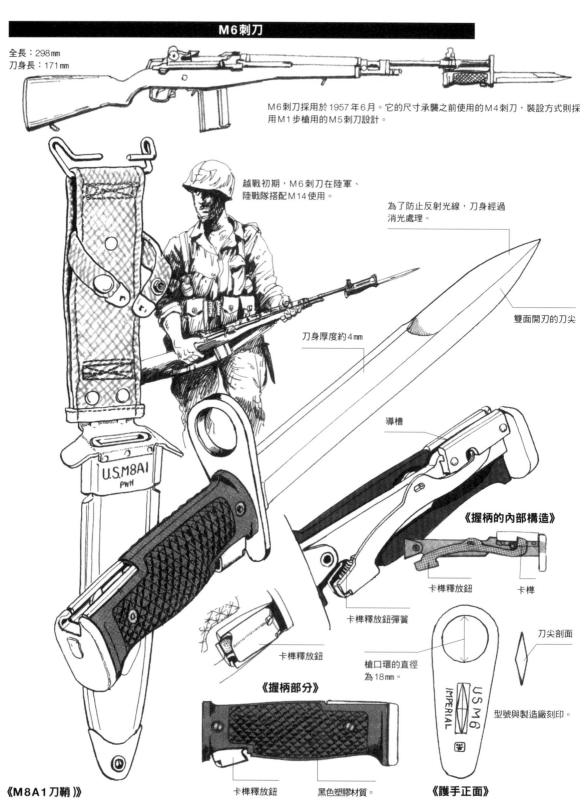

M6刺刀

全長：298mm
刀身長：171mm

M6刺刀採用於1957年6月。它的尺寸承襲之前使用的M4刺刀，裝設方式則採用M1步槍用的M5刺刀設計。

越戰初期，M6刺刀在陸軍、陸戰隊搭配M14使用。

為了防止反射光線，刀身經過消光處理。

雙面開刃的刀尖

刀身厚度約4mm

導槽

《握柄的內部構造》

卡榫釋放鈕　卡榫

卡榫釋放鈕彈簧

卡榫釋放鈕

刀尖剖面

槍口環的直徑為18mm。

型號與製造廠刻印。

《握柄部分》

卡榫釋放鈕　黑色塑膠材質。

《護手正面》

《M8A1刀鞘》

M8刀鞘的改良型，前端加裝補強用金屬片。能與M4之後的刺刀共用。

116

M7刺刀採用於1964年5月。外觀設計類似M6，但裝設系統改回與M4相同的設計。

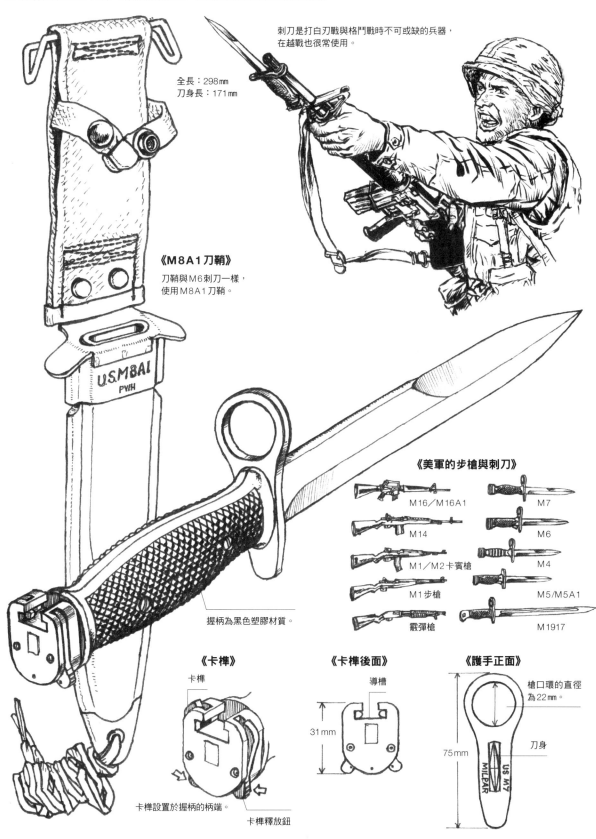

刺刀是打白刃戰與格鬥戰時不可或缺的兵器，在越戰也很常使用。

全長：298mm
刀身長：171mm

《M8A1刀鞘》

刀鞘與M6刺刀一樣，使用M8A1刀鞘。

U.S.M8A1
PWH

握柄為黑色塑膠材質。

《美軍的步槍與刺刀》

M16／M16A1　　M7

M14　　M6

M1／M2卡賓槍　　M4

M1步槍　　M5/M5A1

霰彈槍　　M1917

《卡榫》

卡榫

卡榫設置於握柄的柄端。

卡榫釋放鈕

《卡榫後面》

導槽

31mm

《護手正面》

槍口環的直徑為22mm。

刀身

75mm

US M7
MIL.PAR

117

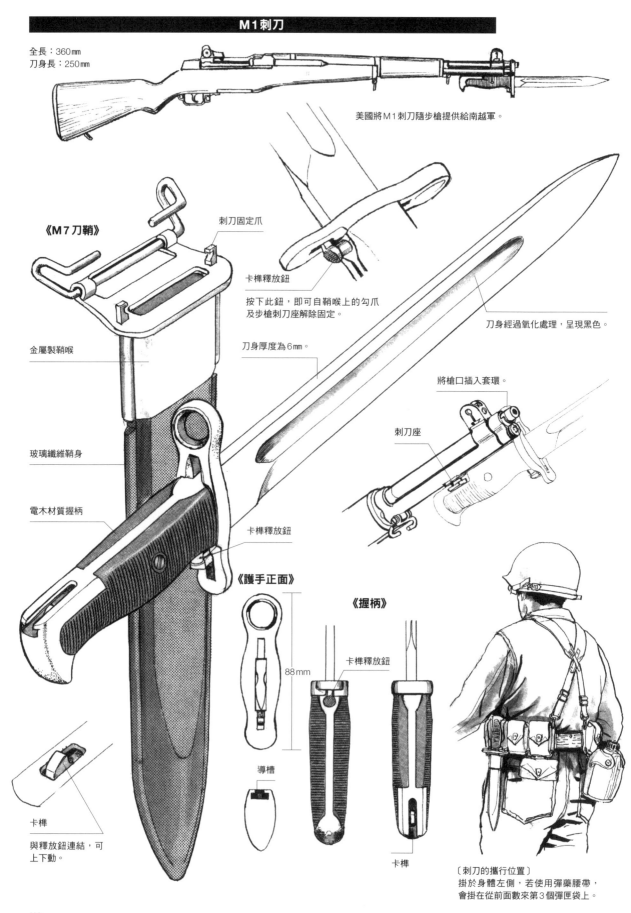

M1刺刀

全長：360mm
刀身長：250mm

美國將M1刺刀隨步槍提供給南越軍。

《M7刀鞘》

刺刀固定爪

卡榫釋放鈕

按下此鈕，即可自鞘喉上的勾爪
及步槍刺刀座解除固定。

刀身厚度為6mm。

刀身經過氧化處理，呈現黑色。

金屬製鞘喉

玻璃纖維鞘身

電木材質握柄

卡榫釋放鈕

將槍口插入套環。

刺刀座

《護手正面》

《握柄》

88mm

卡榫釋放鈕

導槽

卡榫

卡榫

與釋放鈕連結，可
上下動。

〔刺刀的攜行位置〕
掛於身體左側，若使用彈藥腰帶，
會掛在從前面數來第3個彈匣袋上。

M4刺刀

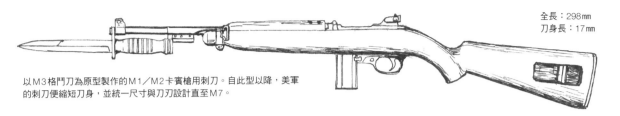

全長：298mm
刀身長：17mm

以M3格鬥刀為原型製作的M1／M2卡賓槍用刺刀。自此型以降，美軍的刺刀便縮短刀身，並統一尺寸與刀刃設計直至M7。

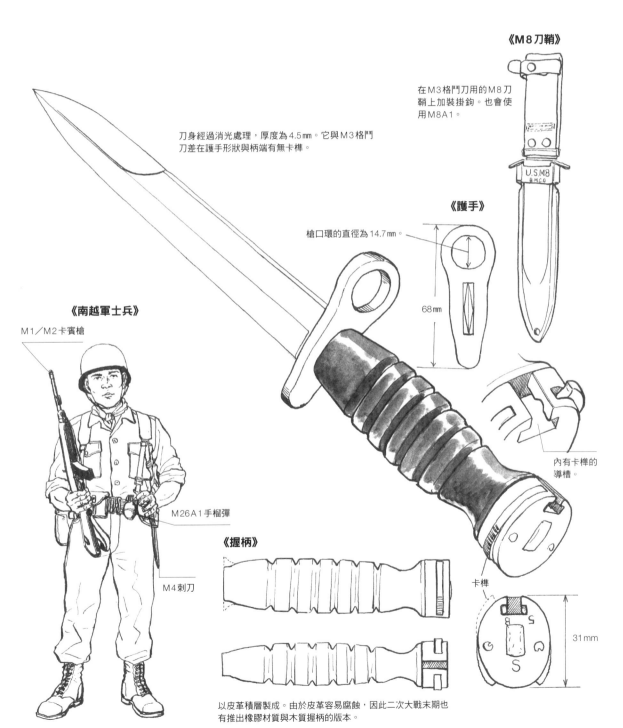

刀身經過消光處理，厚度為4.5mm。它與M3格鬥刀差在護手形狀與柄端有無卡榫。

《M8刀鞘》

在M3格鬥刀用的M8刀鞘上加裝掛鉤。也會使用M8A1。

U.S.M8
BMCO

《護手》

槍口環的直徑為14.7mm。

68mm

內有卡榫的導槽。

《南越軍士兵》

M1／M2卡賓槍

M26A1手榴彈

M4刺刀

卡榫

31mm

S

S

裝備由美軍提供。

《握柄》

以皮革積層製成。由於皮革容易腐蝕，因此二次大戰末期也有推出橡膠材質與木質握柄的版本。

陣地構築 ※出自美軍教範

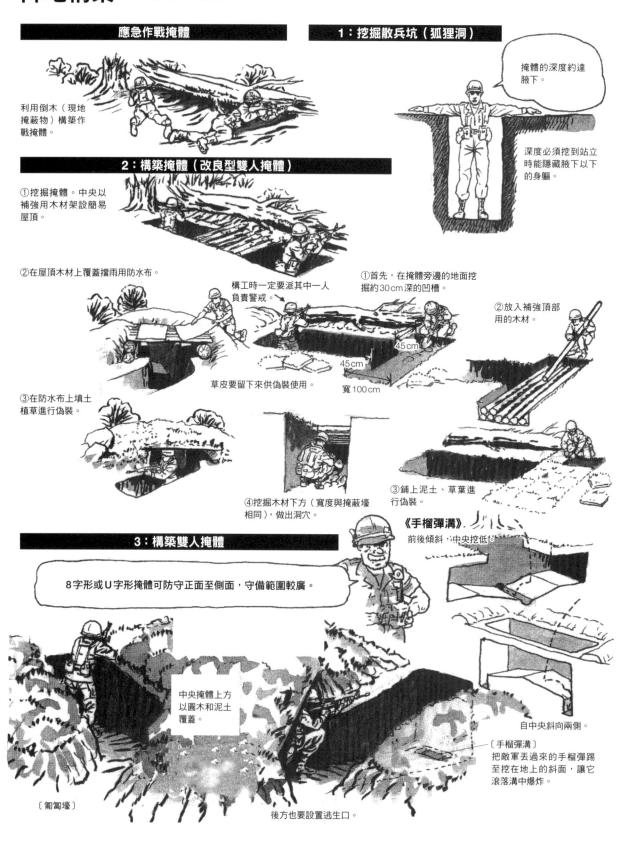

應急作戰掩體

利用倒木（現地掩蔽物）構築作戰掩體。

1：挖掘散兵坑（狐狸洞）

掩體的深度約達腋下。

深度必須挖到站立時能隱藏腋下以下的身軀。

2：構築掩體（改良型雙人掩體）

①挖掘掩體。中央以補強用木材架設簡易屋頂。

②在屋頂木材上覆蓋擋雨用防水布。

構工時一定要派其中一人負責警戒。

①首先，在掩體旁邊的地面挖掘約30cm深的凹槽。

②放入補強頂部用的木材。

45cm
45cm
寬100cm

草皮要留下來供偽裝使用。

③在防水布上填土植草進行偽裝。

③鋪上泥土、草葉進行偽裝。

④挖掘木材下方（寬度與掩蔽壕相同），做出洞穴。

《手榴彈溝》
前後傾斜，中央挖低

3：構築雙人掩體

8字形或U字形掩體可防守正面至側面，守備範圍較廣。

中央掩體上方以圓木和泥土覆蓋。

自中央斜向兩側

〔手榴彈溝〕
把敵軍丟過來的手榴彈踢至挖在地上的斜面，讓它滾落溝中爆炸。

〔匍匐壕〕

後方也要設置逃生口。

由於現代戰鬥是以2人為1組搭檔，因此雙人掩體是陣地構工的基本。

《雙人掩體》

《改良型雙人掩體》

掩體深度要挖到腋下。

前方積土高度要堆到45cm以上，以抵擋敵輕兵器攻擊（高度足以隱藏射手頭部）。

Y字形瞄準樁的後方要留出空間供射手倚靠手肘。

防護積土要堆長一點，以遮掩連發時的槍口餄並保護射手。

若能加上足以抵擋間接射擊破片的掩蓋物，防護力就會比露天掩體強上10倍。

匍匐壕

為了抵擋間接射擊或來自後方友軍的誤擊，側面、後面也要堆上防護用的積土。

射擊時要放低姿勢，並於積土後方挖掘倚靠手肘用的坑洞或放置機槍兩腳架用的凹槽。

《瞄準樁》
在夜間或濃霧等難以目視敵軍時用以輔助瞄準。

鄰近的友軍陣地

瞄準樁

射界樁

《射界樁》
為了防止誤擊鄰近友軍陣地，用以標示左右射擊範圍。

〔選定設置地點〕
機槍的主射擊區，一般會設定成能夠斜射排組正面。
設置地點必須能夠通視前方數百公尺，且以土質較軟
之處為佳。

敵軍要對付的首要目標，就是對他們威脅最大的機槍，因此構築機槍掩體時必須十分謹慎。

《掩體內部》

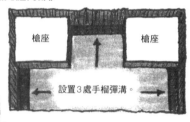

槍座		槍座
←	設置3處手榴彈溝。	→

〔設置方法〕
①排長下達機槍配置與主射擊區範圍指示。
②伍長標出三腳架位置與左右射界。
③開始挖掘作業。首先要構築槍座，以便隨時接戰。

④掩體深度必須能夠充分掩蔽身軀，但又不至於妨礙射擊。

⑤做好槍座後，就要繼續把掩體挖寬。此時要將挖出之土堆置於前方、側方、後方。掩體深度與雙人掩體一樣，須達到腋下位置。

⑥如果能再加上頂蓋，就更為完美。

於主射擊區架設三腳架，副射擊區則使用兩腳架射擊。副射擊區的槍座要挖出兩腳架用的凹槽，連同三腳架與本體一起移動後進行射擊。

剛挖出的泥土看起來會很顯眼，因此別忘了用倒木與枝葉加上偽裝。

積土能提高陣地防護力。若周圍或後方有岩山或裸露的岩石，就有可能會造成跳彈，設置陣地時應盡量避開。

機槍伍由3人構成，彈藥手會進入單人用掩體，負責側面掩護。

《單槍座型掩體》

彈藥手　　左右掩體之間以匍匐壕相連，用於移動與換防。　　機槍座

清掃射界

為了維持射擊區正面射界良好，必須移除樹枝與障礙物。

〔注意事項〕

○須避免過度、不自然。

○須留下少量植物，以隱藏自己的位置。

○分散於樹林內的大樹低枝必須切除。

○灌木僅切除會妨礙通視之處。

○去除容易引起敵方注意的灌木、樹樁、草叢。

○蓋上沙土以隱藏切除草木的痕跡。

○不留足跡、車轍。

○射界清掃僅限使用武器的射程範圍。

射擊位置

《對正面射擊》

《對側面射擊》

手榴彈溝

在掩體前後挖掘溝槽，以將敵軍扔來的手榴彈踢落溝中。此溝也兼具排水功能。

BLAM

手榴彈溝須橫向深挖。溝槽深度至少要達到鏟子的長度，溝槽寬度則與鏟子寬度相同。

壕底設置斜面，讓手榴彈能滾落溝中。

單人用掩體

《臥射用掩體》

深度最好要能夠在45cm以上。

若挖掘時間不夠，可利用現有掩蔽物應急。

《單人用掩體》

挖到腋下深度的「狐狸洞」式散兵坑。

如果還有時間，再加上頂蓋就更完美了。

陡坡用掩體

於陡坡上射擊時，探出的身子有可能會被敵人發現。

前方積土

構築於陡坡上的掩體要從兩側進行射擊。

下方射界要盡可能擴大，才能有效發揮火力。

美軍的軍裝

韓戰之後，隨著美國陸軍採用Ｍ14步槍以及步兵戰術的變化，個人裝備也配合演進，推出一套新系統，是為Ｍ1956野戰裝備。1961年，這套裝備經過小改款，出現了「Ｍ1961」型。到了1965年，個人裝備加上了Ｍ16步槍用的20發彈匣袋。1968年，以Ｍ1956野戰裝備為原型，改用尼龍材質以減輕重量的熱帶用Ｍ1967野戰裝備獲得採用。尼龍材質的另一項優點，在於它一旦弄濕，乾得會比綿質快。這套裝備在越戰期間並未配賦給所有部隊，僅有部分使用。

一般士兵的軍裝

《Ｍ1鋼盔（Grand troops helmet）》

鋼盔偽裝鬆緊帶

米歇爾迷彩偽裝盔布

基本設計與二次大戰使用的Ｍ1鋼盔相同，但外盔的形狀與內盔的內襯有經過改良。

內盔

《各種帽子》

叢林帽

陸戰隊小帽

陸軍OG106熱帶野戰小帽（棒球帽）

《熱帶制服（叢林戰鬥服）》

1962年研製的熱帶用野戰服，包括上衣與長褲。它取代OG107操作服，一般部隊於1966年開始使用，有早期／中期／後期型等版本。其他還有以ERDL（樹葉迷彩）迷彩布料製成的迷彩型，僅限部分使用。

《備用彈帶》

《Ｍ1955防破片衣》

《Ｍ16A1步槍》

《Ｍ1911A1自動手槍》

《Ｍ1956野戰裝備》

雖然是陸軍採用的裝備，但後來陸戰隊也會使用。

《Ｍ1916腰掛槍套》

M1911A1用的黑色皮革槍套。

《Ｍ1967土工器具攜行袋》

尼龍材質攜行袋，用來裝三摺式土工器具（鏟子）。

掛上M1956野戰背包與土工器具的狀態。

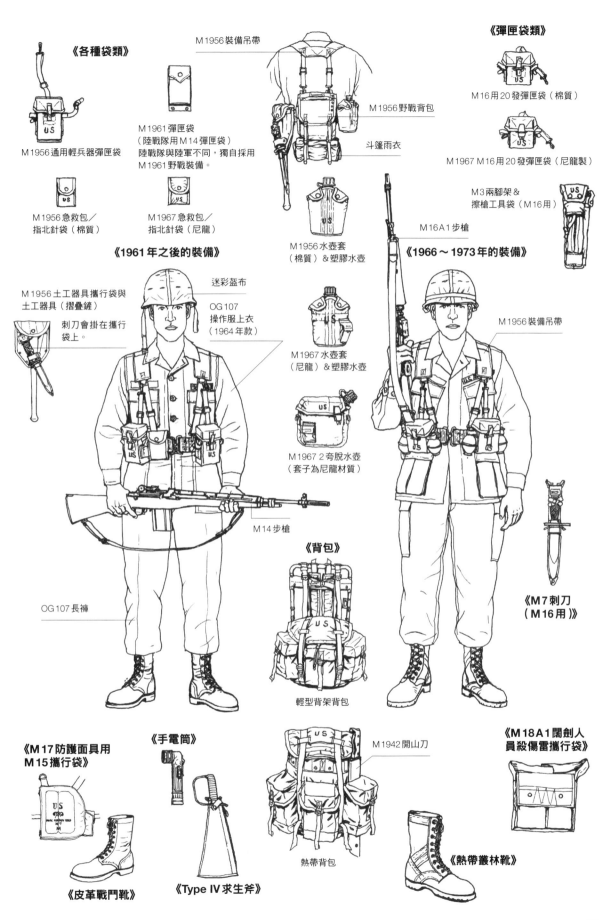

《各種袋類》

M1956通用輕兵器彈匣袋

M1961彈匣袋
（陸戰隊用M14彈匣袋）
陸戰隊與陸軍不同，獨自採用
M1961野戰裝備。

M1956急救包／
指北針袋（棉質）

M1967急救包／
指北針袋（尼龍）

M1956裝備吊帶

M1956野戰背包

斗篷雨衣

《彈匣袋類》

M16用20發彈匣袋（棉質）

M1967 M16用20發彈匣袋（尼龍製）

M3兩腳架＆
擦槍工具袋（M16用）

M16A1步槍

《1966～1973年的裝備》

M1956水壺套
（棉質）＆塑膠水壺

M1967水壺套
（尼龍）＆塑膠水壺

M1967 2夸脱水壺
（套子為尼龍材質）

《1961年之後的裝備》

M1956土工器具攜行袋與
土工器具（摺疊鏟）
刺刀會掛在攜行
袋上。

迷彩盔布

OG107
操作服上衣
（1964年款）

OG107長褲

M14步槍

《背包》

輕型背架背包

M1956裝備吊帶

《M7刺刀
（M16用）》

《M17防護面具用
M15攜行袋》

《皮革戰鬥靴》

《手電筒》

《Type IV求生斧》

M1942開山刀

熱帶背包

《熱帶叢林靴》

《M18A1闊劍人
員殺傷雷攜行袋》

美軍特種部隊人員的基本野戰軍裝。制服除了叢林戰鬥服之外，也會穿著圖中畫的虎斑迷彩服。個人裝備基本上與步兵部隊同樣使用M1956。

《虎斑野戰服》

虎斑迷彩源自法軍的蜥蜴迷彩花紋，南越陸戰隊於1954年採用作為野戰服。後來，CIDG與陸軍的突擊兵部隊也開始使用。雖然美軍未將其制式化，但自軍事顧問團開始穿用之後，陸軍與海軍的特種部隊等單位在越戰期間也有部分會使用。

〔叢林帽〕

〔長褲〕
虎斑迷彩除了南越陸戰隊版，也有為美軍生產訂製款，因此配色與花紋有數種不同版本。

《特種部隊的裝備》

特種部隊基本上也是使用M1956裝備，但會依據作戰內容與各隊員的任務需求加上必要裝備。

〔彈藥背帶〕
每個口袋可容納20發M16步槍用5.56mm子彈（10發裝彈夾×2個）。也能直接放入20發彈匣。

〔塑膠水壺〕

〔急救包／指北針袋〕

〔水杯〕

〔M1956水壺〕

〔水壺套〕
也能用來裝彈匣。

〔熱帶戰鬥靴〕
叢林靴

〔熱帶背包〕
1967年7月採用的熱帶地區用尼龍材質背包。陸軍的特種部隊在試製階段便有領到，在越南進行測試。特種部隊除了正規裝備以外，也會使用南越軍的ARVN背包以及在當地取得的背包等。

〔SOG戰鬥刀〕
為MACVSOG隊員打造的鮑伊型戰鬥刀。特種部隊除了公發品之外，也常會使用私人刀械。

〔M1956手槍腰帶〕

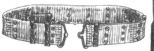

〔彈匣袋〕
側面有束帶，可用來固定M26手榴彈。

〔M18煙幕手榴彈〕
用來指示攻擊目標與標定直升機降落區。

綠扁帽

陸軍特種部隊的原型，來自二次大戰期間成立的「第1特種任務部隊」。雖然該部隊於戰後便告解散，但是到了冷戰時期，為了應付游擊戰，必須組建一支非常規戰鬥部隊，因此又於1952年6月重新編成「第10特種作戰群」。1954年，「第77特種作戰群」（1953年編成）選派一支軍事顧問團進入南越。至於陸軍特種部隊的代名詞「綠扁帽」，則是在甘迺迪總統於1961年10月認可特戰部隊的必要性之後，准許他們戴上扁帽（貝雷帽）才開始有的稱呼。越戰期間，為了應付越共，綠扁帽除了對山區少數民族施以訓練，成立平民非正規防衛群（CIDG），也對南越軍特種部隊進行訓練與作戰指導。除此之外，他們也會潛入北越、柬埔寨、寮國境內，進行情報蒐集與要人綁架、暗殺等特種作戰。

《綠扁帽隊員》

要成為特種部隊隊員，必須通過遴選測驗。除了部隊指揮與兵器操作之外，也會要求語言能力等。

特種部隊徽章

特種部隊 部隊章

《部分攜行裝備》

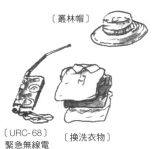

〔叢林帽〕

〔URC-68〕
緊急無線電

〔換洗衣物〕

〔背包〕

〔斗篷雨衣、斗篷雨衣內襯、充氣墊等睡眠用品〕

〔備用彈藥〕

〔野戰口糧〕

〔炸藥類〕

海豹部隊（SEALs）

美國海軍的特種部隊。自水下爆破隊（UDT）發展而來，成立於1962年1月。他們不僅能夠從事水下作戰，還具備陸海空三棲作戰能力，是一支用以執行偵察、觀測、非正規作戰的特種部隊。海豹部隊在越南的任務，主要是在湄公河地區從事偵察，並摧毀越共據點。在CIA主導的「鳳凰行動」中，為了破壞越共組織，除了越共之外，也會暗殺與其勾結的南越平民與軍人。

口徑：5.56mm
彈藥：5.56×45mm NATO彈
裝彈數：彈鏈給彈100發（盒形彈匣），150發（彈鼓）
作動方式：全／半自動切換式
全長：1020mm
槍管長：508mm
重量：5.32kg
發射速度：700～1000發／分

《Mark.23 Mod.0 機槍》

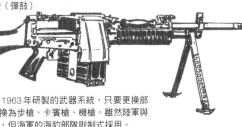

尤金·史東納於1963年研製的武器系統，只要更換部分零件，便能轉換為步槍、卡賓槍、機槍。雖然陸軍與陸戰隊皆未採用，但海軍的海豹部隊則制式採用。

《海豹隊員》

與陸軍、陸戰隊使用同款裝備。自水下或水面潛入目的地之際，有時也會穿上救生衣。

《潛水刀》

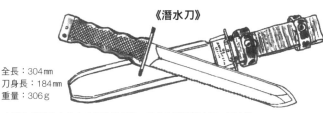

全長：304mm
刀身長：184mm
重量：306g

由於海豹隊員也會在水下執行任務，因此有配備潛水刀。圖中畫的是帝國刀具公司製造的潛水刀，刀刃帶有鋸齒，護手以非磁性鐵材製成。

第1騎兵師

1921年成立，曾參與二次大戰、韓戰，是支歷史悠久的部隊。1965年，它重新編成為一支運用直升機的空中機動部隊，於1965年11月9派遣至越南。直至1971年1月撤出越南為止，曾參與「德浪河谷戰役」（1965年11月）、「瘋馬行動」（1966年5～6月）」、「飛馬行動」（1968年1～2月）等多場作戰。

OH-6
直行機降作戰之際，用以偵察敵情、進行觀測。

《第1騎兵師使用的直升機》

《早期的第1騎兵師士兵》

UH-1C
用以掃蕩直升機起降區周邊，為步兵提供空中支援的砲艇機。

UH-1D/H
除了運輸士兵、物資外，還能充當救護直升機。

CH-47
用以運送榴彈砲等大型兵器與大型貨物。

《早期的直升機機組員》

M1952A防破片衣

**《1967年以降的
第1騎兵師士兵》**

士兵用的野戰服自1967年開始普遍換成熱帶制服（叢林戰鬥服）。

APH-5飛行頭盔

尚無機組員用的飛行衣，穿的是與步兵同款的操作服上衣與長褲。

叢林靴

《穿上空勤人員防彈衣（膽小鬼背心）的直升機機組員》

防護面具

自第一次世界大戰開始使用毒氣以來，防護面具便成為各國軍隊的標準配備，以保護士兵不受NBC（核子、生物、化學）兵器威脅。越戰時期，主要是在以催淚瓦斯對付越共時使用。然而，因為它很沉重，所以作戰時常會把它卸除。

M17防護面具

M17防護面具設計成左右對稱，以便左右都能據槍射擊。內建式濾毒罐的缺點在於更換比較費工。

收納防護面具的攜行袋，在穿戴野戰裝備之前要先以固定帶掛至左大腿側面。

M17是1959年制式採用的防護面具，特徵在於濾毒罐（過濾有毒物質的濾芯）內建於面具內，與以往拆換式的濾毒罐不同。除此之外，它也裝有戴上面具後也能發聲講話的揚聲器。

面具有6條頭帶，戴上面具時要由下而上拉緊頭帶，使面具與臉部密合。

M1護目鏡

鏡片為雙層構造，以防止起霧。外層鏡片可以取下。

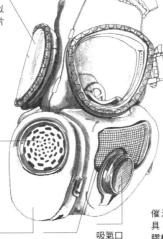

揚聲器

揚聲器護套　　濾網　　吸氣口

XM28E4（M28）鎮暴防護面具

XM28的濾毒罐也是內藏於臉頰部位，由於僅用以抵擋催淚瓦斯，因此濾芯較為輕薄。

《攜行袋》

催淚瓦斯專用的防護面具，為了減輕重量，以矽膠材質製成。1966年開始試製，1968年臨時採用，配賦駐越南的部隊。

為了防止濾毒罐受潮失效，採用尼龍布料製成，並有塑膠內襯。為了保持密封性，設計得相當緊，缺點是很難塞入面具。

M17防護面具的穿戴方法

①以左手打開攜行袋蓋。

②以右手握住面具正面，自袋中取出。

③以兩手握住頭帶，自下巴戴上。

④戴上面具後，將頭帶左右平均拉緊，以固定面具。

《M15攜行袋》

用以收納、攜行M17防護面具。

⑤按壓吸氣口，使面具貼合臉部。

⑥按住排氣口，確認面具是否密合。

⑦重新戴上鋼盔，完成面具穿戴。

防彈衣

至二次大戰為止，軍用防彈衣大多以鋼鐵製成。這種防彈衣相當厚重，並不適合步兵使用。1940年代，當抗彈尼龍研製成功後，才首次出現實用化的步兵用防彈衣。韓戰以降，防彈衣已成為美軍步兵的基本配備。

M1955防彈衣

又被稱作「防破片衣」，因為步兵用防彈衣只能抵擋砲彈或手榴彈的破片，無法擋下直接命中的步槍子彈。

改良、發展自韓戰時期陸戰隊使用的 M1951。背心正面左胸處有小型口袋，腹部左右兩側設有大型口袋。M1955不僅供步槍排的官兵使用，戰車兵與直升機機組員也會穿。

背心內層在胸、肩、肩胛骨部位使用抗彈尼龍，腹部與腰部則插入一種稱為 Doron plate 的玻璃纖維抗彈板。這種抗彈板與抗彈尼龍不同，也能抵擋刀刃穿刺。

《玻璃纖維抗彈板》

背部11片

側面2片

前部左右各5片
抗彈板尺寸為
60mm×60mm，厚4mm

肩膀上的防滑環

右肩縫有防止步槍背帶滑落以及據槍時避免槍托滑動的防滑環。重量則依尺寸而異，最大號的XL尺寸為5.6kg。下襬的棉質腰帶上有孔眼，可用來裝掛水壺與袋類裝備。

有孔眼的棉質腰帶。

《M 12》

陸軍於二次大戰末期採用的步兵用防彈衣。以抗彈尼龍與鋁板組合構成。

《M 1951》

陸戰隊首先實用化的型號。自此型開始採用抗彈尼龍與玻璃纖維抗彈板，下襬有固定用的腰帶。

《M 1952》

M 1951的改良型。前襟拉鍊部分加上護蓋，並以帶有孔眼的棉質腰帶取代原本的腰帶。左胸有掛手榴彈用的棉質織帶。

《T 52 - 1》

陸軍以多龍與尼龍混紡纖維製成的試製型。1952 年送往韓國，透過實戰進行測試。

《M 1952 A》

T 52 - 3試製型推出之後，以 M 1952 A 為名稱制式採用。陸軍的防彈衣自此型開始不再使用玻璃纖維抗彈板，只以尼龍製成，內部有 12 層抗彈尼龍。除了韓戰之外，在越戰也有使用。

《M 1955 早期型》

腹部沒有口袋的M 1955最早型號。

《M 69》

M 1952 A 的改良型。增高衣領以保護脖子。早期的制式名稱為「ARMOR, BODY, FRAGMENTATION, PROTECTIVE,WITH 3/4 COLLAR」，並無型號。這款改良型自1963年開始生產，但要到1968 年才充分配賦。抗彈尼龍以塑膠布包覆，前部有 14 層，背部有 10 層，領子有6層。

《M 69 的改款》

1968 年的改良型，可防止抗彈尼龍變形以提高耐用性。

越戰是首場正式運用直升機進行空中機動作戰的戰爭。直升機在敵區作戰，常會於起降時或執行對地攻擊等低空飛行之際遭遇敵火攻擊，為了在防空武器攻擊下保護機組員，會配備防彈衣。除了這裡介紹的型號之外，還有一些其他的試製型與制式型。

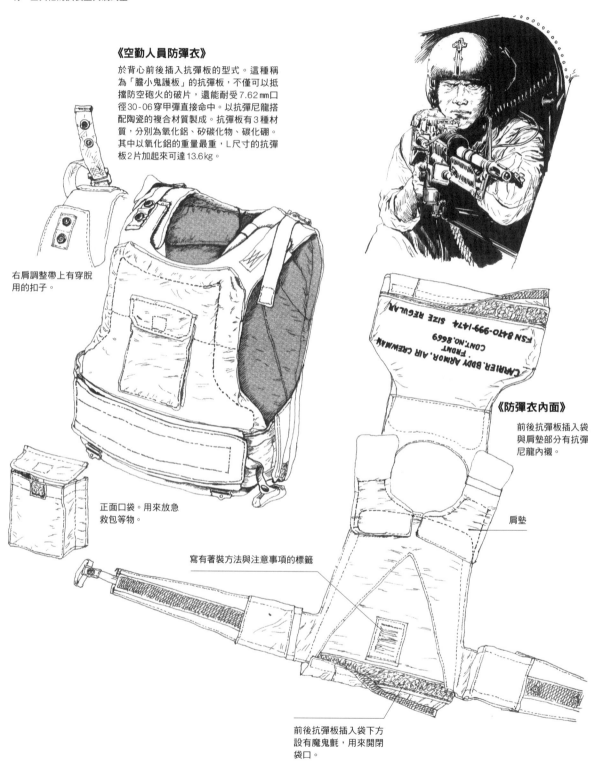

《空勤人員防彈衣》

於背心前後插入抗彈板的型式。這種稱為「膽小鬼護板」的抗彈板，不僅可以抵擋防空砲火的破片，還能耐受 7.62 mm 口徑 30-06 穿甲彈直接命中。以抗彈尼龍搭配陶瓷的複合材質製成。抗彈板有 3 種材質，分別為氧化鋁、矽碳化物、碳化硼。其中以氧化鋁的重量最重，L 尺寸的抗彈板 2 片加起來可達 13.6 kg。

右肩調整帶上有穿脫用的扣子。

正面口袋。用來放急救包等物。

寫有著裝方法與注意事項的標籤

《防彈衣內面》

前後抗彈板插入袋與肩墊部分有抗彈尼龍內襯。

肩墊

前後抗彈板插入袋下方設有魔鬼氈，用來開閉袋口。

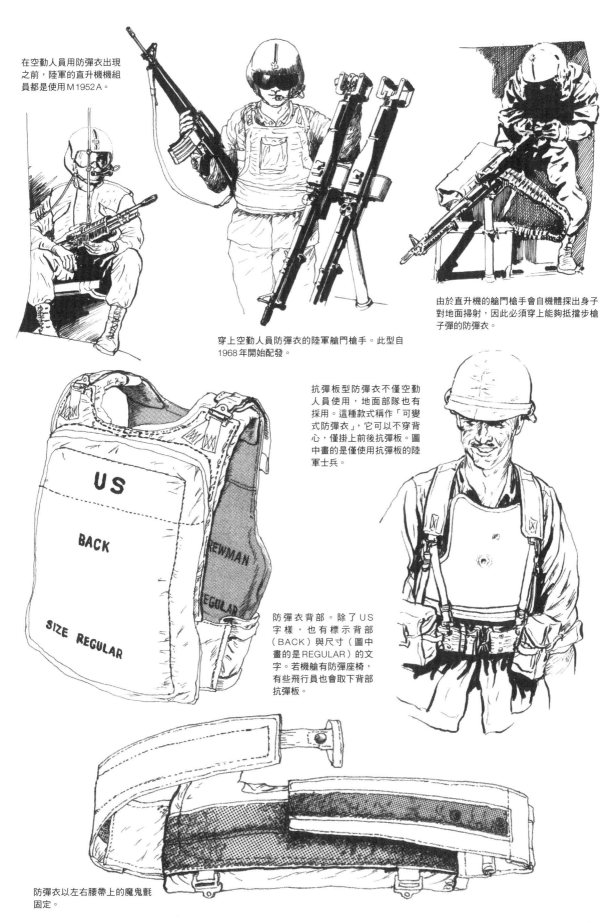

在空勤人員用防彈衣出現之前，陸軍的直升機機組員都是使用M1952A。

穿上空勤人員防彈衣的陸軍艙門槍手。此型自1968年開始配發。

由於直升機的艙門槍手會自機體探出身子對地面掃射，因此必須穿上能夠抵擋步槍子彈的防彈衣。

抗彈板型防彈衣不僅空勤人員使用，地面部隊也有採用。這種款式稱作「可變式防彈衣」，它可以不穿背心，僅掛上前後抗彈板。圖中畫的是僅使用抗彈板的陸軍士兵。

US

BACK

SIZE REGULAR

REWMAN

REGULAR

防彈衣背部。除了US字樣，也有標示背部（BACK）與尺寸（圖中畫的是REGULAR）的文字。若機艙有防彈座椅，有些飛行員也會取下背部抗彈板。

防彈衣以左右腰帶上的魔鬼氈固定。

單兵攜行式無線電

軍用無線電會依據用途分成各種不同類型，而其中最能代表越戰美軍形象的，就是揹負式的單兵無線電。另外，由於電晶體的發達，也出現了手持式的小型無線電。

AN/PRT-4 & AN/PRR-9

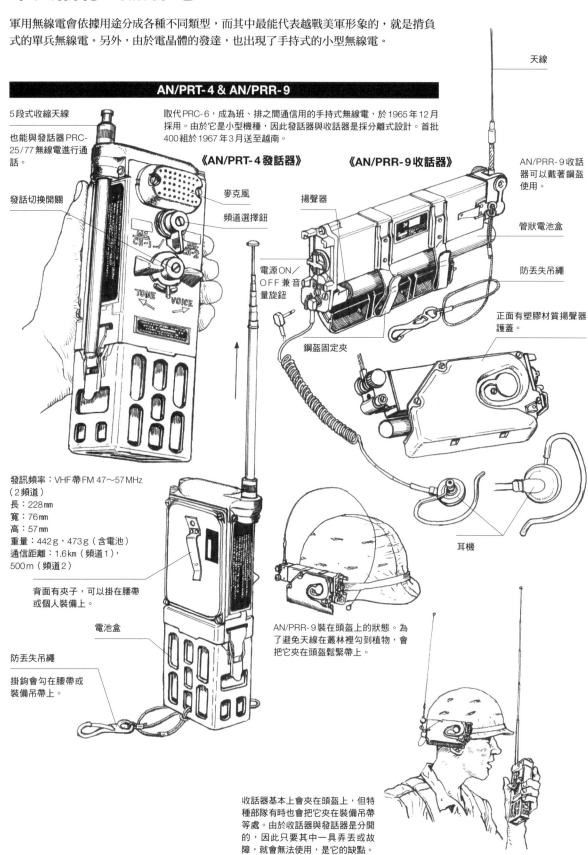

取代PRC-6，成為班、排之間通信用的手持式無線電，於1965年12月採用。由於它是小型機種，因此發話器與收話器是採分離式設計。首批400組於1967年3月送至越南。

5段式收縮天線

也能與發話器 PRC-25/77 無線電進行通話。

發話切換開關

《AN/PRT-4 發話器》

麥克風

頻道選擇鈕

電源ON／OFF 兼音量旋鈕

《AN/PRR-9 收話器》

揚聲器

天線

AN/PRR-9 收話器可以戴著鋼盔使用。

管狀電池盒

防丟失吊繩

正面有塑膠材質揚聲器護蓋。

鋼盔固定夾

耳機

發訊頻率：VHF帶FM 47〜57MHz
（2頻道）
長：228mm
寬：76mm
高：57mm
重量：442g，473g（含電池）
通信距離：1.6km（頻道1），
500m（頻道2）

背面有夾子，可以掛在腰帶或個人裝備上。

電池盒

防丟失吊繩

掛鉤會勾在腰帶或裝備吊帶上。

AN/PRR-9 裝在頭盔上的狀態。為了避免天線在叢林裡勾到植物，會把它夾在頭盔鬆緊帶上。

收話器基本上會夾在頭盔上，但特種部隊有時也會把它夾在裝備吊帶等處。由於收話器與發話器是分開的，因此只要其中一具弄丟或故障，就會無法使用，是它的缺點。

《AN/PRC-10》

1951年3月採用，越戰早期美軍與南越軍仍在使用。雖然它比二次大戰時的機型要小，但由於仍使用真空管，因此電池的尺寸幾乎與無線電本體相同。依頻率不同，另有PRC-8與PRC-9兩型。

頻率：VHF帶FM 38～54.9MHz
長：482mm
寬：76.2mm
高：254mm
重量：4.76kg，8.39kg（含電池）
通信距離：8km（依條件而變）

《AN/PRC-25》

暱稱「煩人精（Prig）」。通話距離為短天線5km，長天線8km，這些配件能與AN/PRC-77共用。

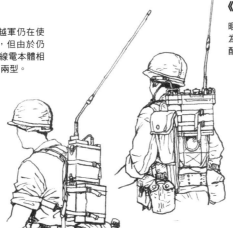

《AN/PRC-25,PRC-77》

AN/PRC-25於1959年展開試製，1962年獲得採用。它使用電晶體（有部分使用真空管），因此體積比之前的無線電小。1968年將所有元件換成電晶體推出改良型，以AN/PRC-77為型號制式採用。

由於AN/PRC-77將所有元件換成電晶體，因此電力消耗較低。常溫下的電池平均壽命與AN/PRC-25的60小時相比，AN/PRC-77可達65小時。

電池盒
電池
收發器機匣
收發話筒

頻率：VHF帶FM 30.00～52.95MHz（低頻）
VHF帶FM 53.00～75.95MHz（高頻）
長：273mm
寬：273mm
高：100mm
重量：6.2kg，8kg（含電池）
通信距離：8km（依條件而變）

天線蓋
收發器

由於短天線的結合部具有彈性，因此天線可以擺往任意角度與方向。

《AN/PRC-25,PRC-77的配件》

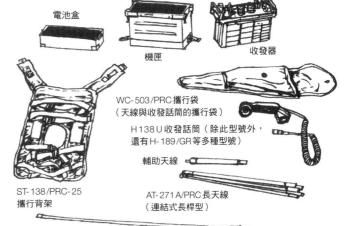

電池盒
機匣
收發器

WC-503/PRC攜行袋
（天線與收發話筒的攜行袋）

H138U收發話筒（除此型號外，還有H-189/GR等多種型號）

輔助天線

ST-138/PRC-25
攜行背架

AT-271A/PRC長天線
（連結式長桿型）

AT-892/PRC短天線（平板型）

《裝在攜行背架上的狀態》

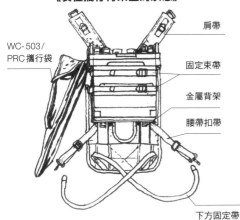

WC-503/
PRC攜行袋

肩帶
固定束帶
金屬背架
腰帶扣帶

下方固定帶

南越陸軍士兵

越南共和國陸軍（ARVN＝Army of the Republic of Viet Nam）成立於1955年，在1975年戰爭結束前，下轄11個步兵師與1個空降師、3支特種部隊等，地面兵力最多達到100萬人。除正規軍之外，這個兵力人數也包括地方軍與民兵。

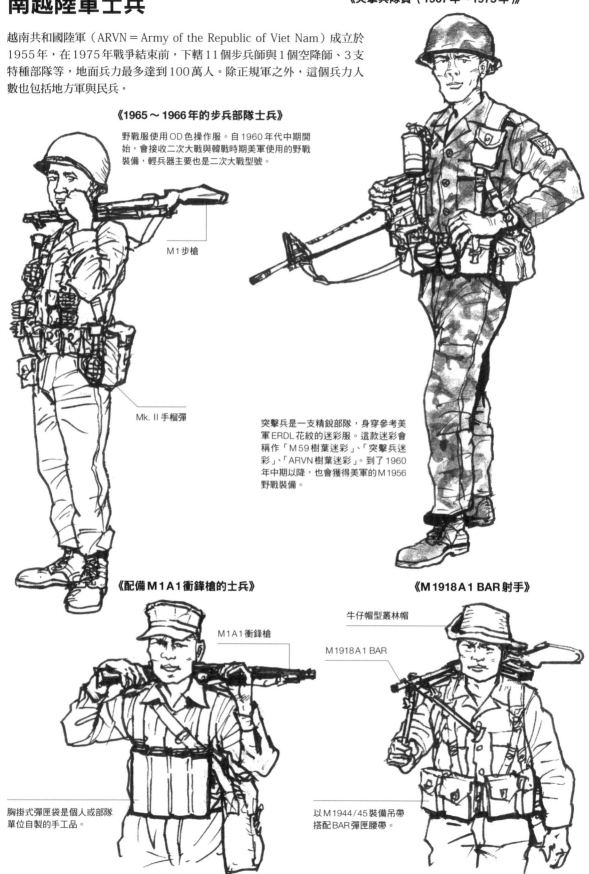

《突擊兵隊員（1967年～1975年）》

《1965～1966年的步兵部隊士兵》

野戰服使用OD色操作服。自1960年代中期開始，會接收二次大戰與韓戰時期美軍使用的野戰裝備，輕兵器主要也是二次大戰型號。

M1步槍

Mk. II 手榴彈

突擊兵是一支精銳部隊，身穿參考美軍ERDL花紋的迷彩服。這款迷彩會稱作「M59樹葉迷彩」、「突擊兵迷彩」、「ARVN樹葉迷彩」。到了1960年中期以降，也會獲得美軍的M1956野戰裝備。

《配備M1A1衝鋒槍的士兵》

M1A1衝鋒槍

胸掛式彈匣袋是個人或部隊單位自製的手工品。

《M1918A1 BAR射手》

牛仔帽型叢林帽

M1918A1 BAR

以M1944/45裝備吊帶搭配BAR彈匣腰帶。

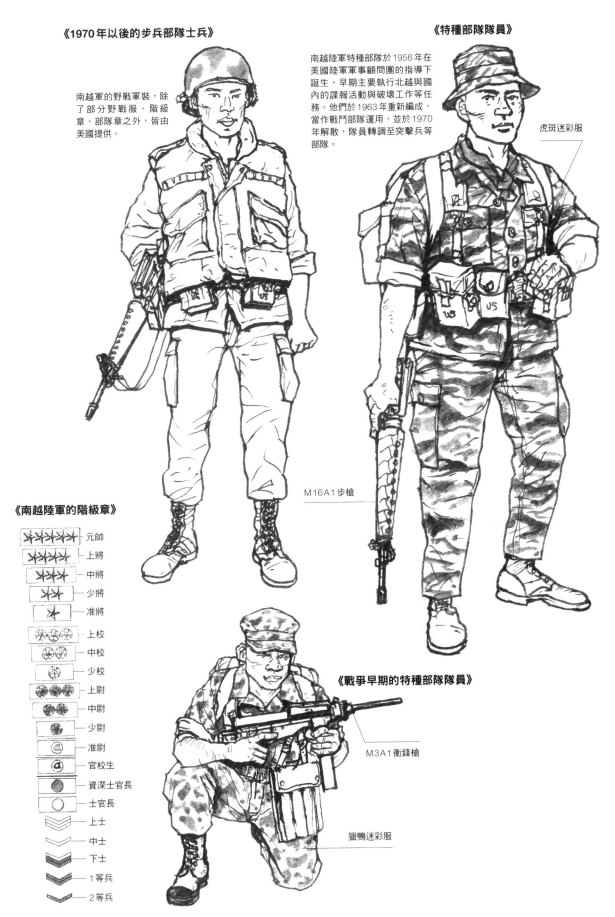

《1970 年以後的步兵部隊士兵》

南越軍的野戰軍裝,除了部分野戰服、階級章、部隊章之外,皆由美國提供。

《特種部隊隊員》

南越陸軍特種部隊於 1956 年在美國陸軍軍事顧問團的指導下誕生,早期主要執行北越與國內的諜報活動與破壞工作等任務。他們於 1963 年重新編成,當作戰鬥部隊運用,並於 1970 年解散,隊員轉調至突擊兵等部隊。

虎斑迷彩服

M16A1 步槍

《南越陸軍的階級章》

★★★★★★	元帥
★★★★★	上將
★★★	中將
★★	少將
★	准將
	上校
	中校
	少校
	上尉
	中尉
	少尉
ⓐ	准尉
ⓐ	官校生
	資深士官長
	士官長
	上士
	中士
	下士
	1 等兵
	2 等兵

《戰爭早期的特種部隊隊員》

M3A1 衝鋒槍

獵鴨迷彩服

其他國家士兵

越戰除美軍以外，韓國、澳洲、紐西蘭、泰國、菲律賓也有派軍參戰，其中
又以韓國軍的派遣規模最大，出了2個步兵師與1個陸戰旅。

韓國軍

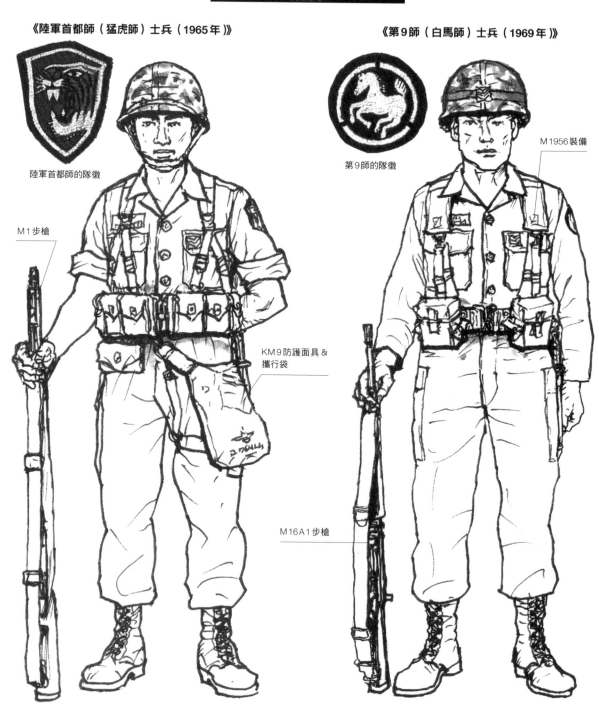

《陸軍首都師（猛虎師）士兵（1965年）》

陸軍首都師的隊徽

M1步槍

KM9防護面具＆
攜行袋

《第9師（白馬師）士兵（1969年）》

第9師的隊徽

M1956裝備

M16A1步槍

陸軍首都師於1965年9月派遣至越南。韓國軍部隊會活用韓戰經
驗，以獨創戰術進行作戰，對共軍而言是最棘手的部隊。野戰操
作服為韓國自製品。戰鬥裝備使用自製品或美國製品。

第9師於1966年9月派遣至越南。韓國軍原本使用從本國帶去的
M1步槍與M2卡賓槍，但在1967年之後，便於當地自美軍領到
M16A1步槍等新型輕兵器。

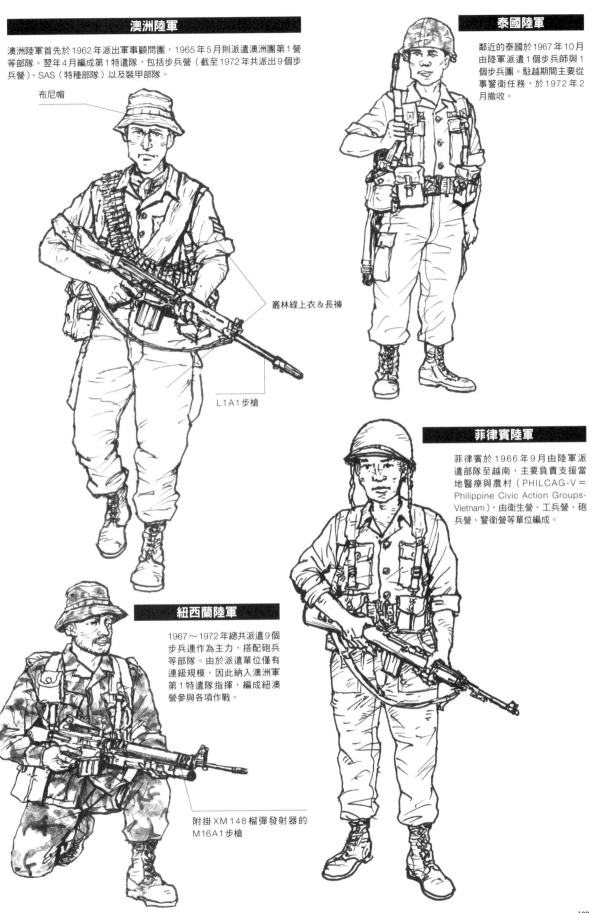

澳洲陸軍

澳洲陸軍首先於1962年派出軍事顧問團,1965年5月則派遣澳洲團第1營等部隊。翌年4月編成第1特遣隊,包括步兵營(截至1972年共派出9個步兵營)、SAS(特種部隊)以及裝甲部隊。

布尼帽

叢林綠上衣&長褲

L1A1步槍

泰國陸軍

鄰近的泰國於1967年10月由陸軍派遣1個步兵師與1個步兵團。駐越期間主要從事警衛任務,於1972年2月撤收。

菲律賓陸軍

菲律賓於1966年9月由陸軍派遣部隊至越南,主要負責支援當地醫療與農村(PHILCAG-V = Philippine Civic Action Groups-Vietnam),由衛生營、工兵營、砲兵營、警衛營等單位編成。

紐西蘭陸軍

1967～1972年總共派遣9個步兵連作為主力,搭配砲兵等部隊。由於派遣單位僅有連級規模,因此納入澳洲軍第1特遣隊指揮,編成紐澳營參與各項作戰。

附掛XM148榴彈發射器的M16A1步槍

北越軍的
兵器與軍裝

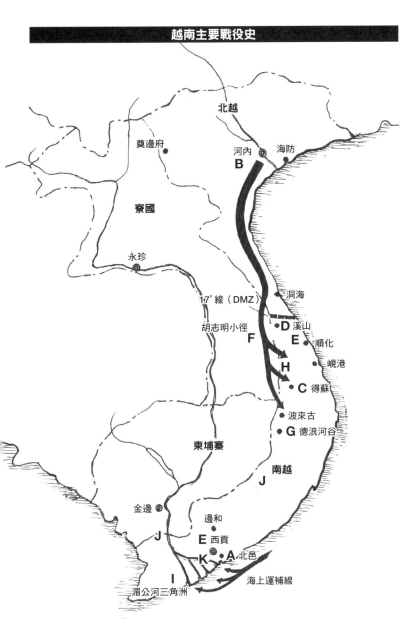

越南主要戰役史

北越

莫邊府

河內　海防

B

寮國

永珍

17°線（DMZ）

洞海

胡志明小徑　　溪山

F　**D**

順化

E

H　峴港

C　得蘇

波來古

G　德浪河谷

東埔寨

南越

J

金邊

邊和

J　西貢

E

K　**A** 北邑

I　海上運補線

湄公河三角洲

輕兵器

北越軍與越共使用的輕兵器，主要為蘇聯與中國製品，
另外還有繳獲的日本、法國、美國製品，以及少數自製
兵器。

手槍

《51式自動手槍》

TT 1930/33的中國組裝版。
1954年也開始推出授權生產的
54式手槍。

《馬可洛夫PM》

TT 1930/33的後繼型，於1951
年採用。由於體積比TT 1930/33
小，因此彈藥也改用新研製的9
mm馬可洛夫彈。

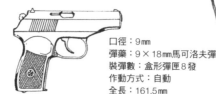

口徑：9mm
彈藥：9×18mm馬可洛夫彈
裝彈數：盒形彈匣8發
作動方式：自動
全長：161.5mm
槍管長：93.5mm
重量：730g

《斯捷奇金APS》

蘇軍供戰車乘員護身用的自動手
槍，於1951年採用。它可全自動
射擊，附兼具槍套功能的可拆式
槍托。

口徑：9mm
彈藥：9×18mm馬可洛夫彈
裝彈數：盒形彈匣20發
作動方式：半／全自動切換式
全長：225mm
槍管長：140mm
重量：1220g
發射速度：600～750發／分

《Mle 1935 A》

法軍於1937年採用的軍用手
槍。在越南供法國殖民地軍警使
用。越盟軍自法軍繳獲後會拿來
使用。

口徑：7.65mm
彈藥：7.65mm×20mm法國長型彈
裝彈數：盒形彈匣8發
作動方式：自動
全長：195mm
槍管長：110mm
重量：730g

口徑：7.65mm
彈藥：7.65mm×17mm彈
裝彈數：盒形彈匣8發
作動方式：自動
全長：230mm
槍管長：124mm
重量：1.27kg

《64式微聲手槍》

中國製的特種手槍。減音器與槍管合為一體，使用初速較
慢的7.65mm×17mm專用彈。為了提高減音效果，裝有滑套
鎖。北越軍特種部隊與越共執行夜襲、要人暗殺時使用。

《TT 1930/33的內部構造》

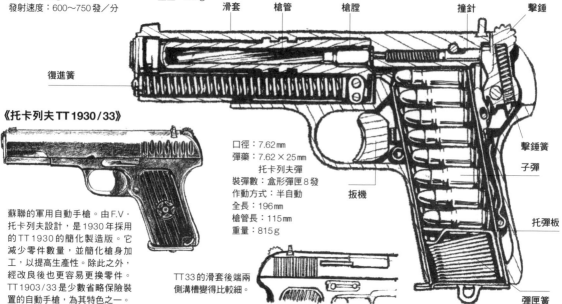

滑套　槍管　槍膛　撞針　擊錘
復進簧
擊錘簧
子彈
扳機
托彈板
彈匣簧

《托卡列夫 TT 1930/33》

蘇聯的軍用自動手槍。由F.V·
托卡列夫設計，是1930年採用
的TT 1930的簡化製造版。它
減少零件數量，並簡化槍身加
工，以提高生產性。除此之外，
經改良後也更容易更換零件。
TT 1903/33是少數省略保險裝
置的自動手槍，為其特色之一。

口徑：7.62mm
彈藥：7.62×25mm
　　　托卡列夫彈
裝彈數：盒形彈匣8發
作動方式：半自動
全長：196mm
槍管長：115mm
重量：815g

TT33的滑套後端兩
側溝槽變得比較細。

衝鋒槍

《MP 40》

德國製。來自蘇聯於二次大戰與戰後的繳獲品。

口徑：9mm
槍管長：250mm
彈藥：9×19mm帕拉貝倫彈
裝彈數：盒形彈匣32發
作動方式：全自動
全長：833mm，630mm（槍托摺疊時）
重量：4.027kg
發射速度：500發／分

《PPSh-41》

蘇軍提供的二次大戰剩餘品。

口徑：7.62mm
彈藥：7.62×25mm托卡列夫彈
裝彈數：盒形彈匣35發，彈鼓71發
全長：840mm
槍管長：270mm
重量：3.63kg
發射速度：700發／分

《PPS-43》

與PPSh-41同樣來自蘇聯供應。

口徑：7.62mm
彈藥：7.62×25mm托卡列夫彈
裝彈數：盒形彈匣35發
全長：615mm，830mm（槍托伸展時）
槍管長：241mm
重量：3kg
發射速度：650發／分

北越於修改口徑之際製造的特種作戰用MAT-49減音型。

《MAT-49》

繳獲自法軍，從印度支那戰爭就開始使用。印度支那戰爭結束後，北越軍為了統一彈藥，將其改造成與PPSh-41同樣使用7.62mm子彈的構型。

口徑：9mm
彈藥：9×19mm帕拉貝倫彈
裝彈數：盒形彈匣20發、32發
作動方式：全自動
全長：460mm，720mm（槍托伸展時）
槍管長：230mm
重量：3.5kg
發射速度：600發／分

《K-50M》

北越製衝鋒槍。以50式衝鋒槍為基礎進行改造，參考MAT-49的設計自製而成。

使用MAT-49的準星。

機匣以沖壓加工製成。

AK-47型木製握把。

伸縮式槍托。

據說K-50M是為了提供給越共打游擊戰而造。

口徑：7.62mm
彈藥：7.62×25mm托卡列夫彈
裝彈數：盒形彈匣35發
作動方式：全自動
全長：571mm，756mm（槍托伸展時）
槍管長：269mm
重量：4.4kg
發射速度：700發／分

《50式衝鋒槍》

PPSh-41的中國授權生產型。與蘇聯製品相比，照門位置與握把形狀互有差異。使用香蕉形彈匣。

蘇製PPSh-41不易故障、結構堅固，與中國授權生產版的50式衝鋒槍皆很適合用於越南的叢林戰。

蘇聯製彈匣

中國製彈匣

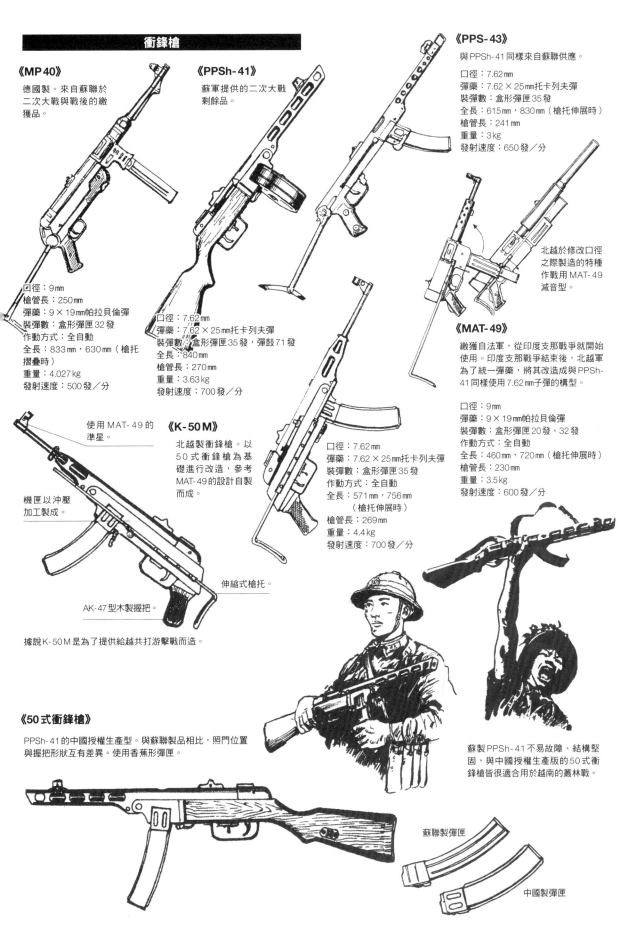

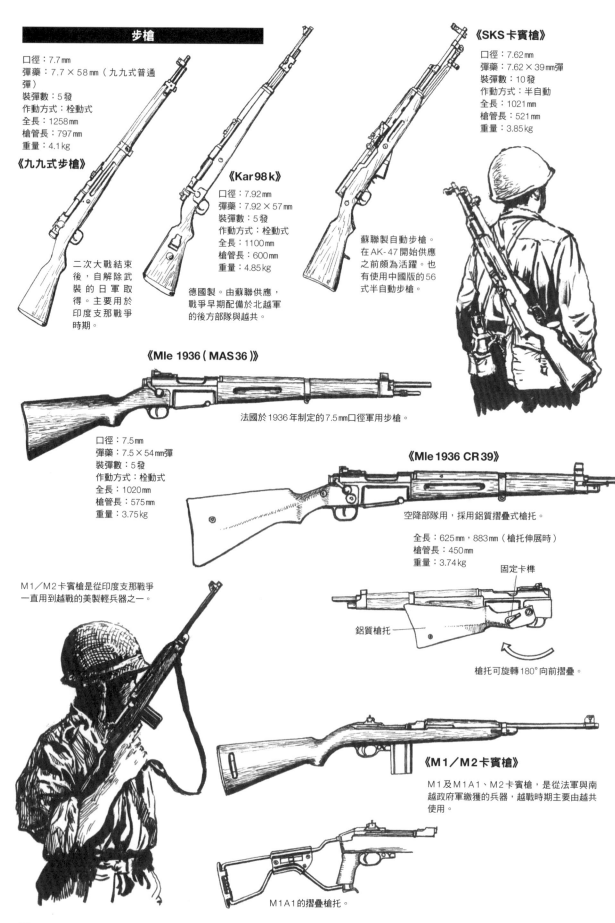

步槍

《九九式步槍》

口徑：7.7mm
彈藥：7.7×58mm（九九式普通彈）
裝彈數：5發
作動方式：栓動式
全長：1258mm
槍管長：797mm
重量：4.1kg

二次大戰結束後，自解除武裝的日軍取得。主要用於印度支那戰爭時期。

《Kar 98k》

口徑：7.92mm
彈藥：7.92×57mm
裝彈數：5發
作動方式：栓動式
全長：1100mm
槍管長：600mm
重量：4.85kg

德國製。由蘇聯供應，戰爭早期配備於北越軍的後方部隊與越共。

《SKS卡賓槍》

口徑：7.62mm
彈藥：7.62×39mm彈
裝彈數：10發
作動方式：半自動
全長：1021mm
槍管長：521mm
重量：3.85kg

蘇聯製自動步槍。在AK-47開始供應之前頗為活躍。也有使用中國版的56式半自動步槍。

《Mle 1936（MAS 36）》

法國於1936年制定的7.5mm口徑軍用步槍。

口徑：7.5mm
彈藥：7.5×54mm彈
裝彈數：5發
作動方式：栓動式
全長：1020mm
槍管長：575mm
重量：3.75kg

《Mle 1936 CR 39》

空降部隊用，採用鋁質摺疊式槍托。

全長：625mm，883mm（槍托伸展時）
槍管長：450mm
重量：3.74kg

固定卡榫

鋁質槍托

槍托可旋轉180°向前摺疊。

M1／M2卡賓槍是從印度支那戰爭一直用到越戰的美製輕兵器之一。

《M1／M2卡賓槍》

M1及M1A1、M2卡賓槍，是從法軍與南越政府軍繳獲的兵器，越戰時期主要由越共使用。

M1A1的摺疊槍托。

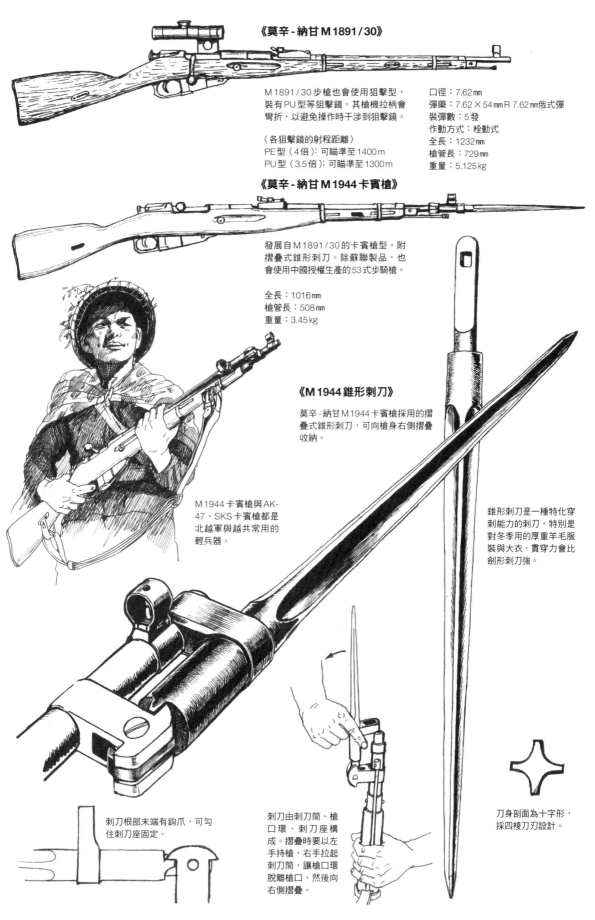

《莫辛-納甘M1891/30》

M1891/30步槍也會使用狙擊型，裝有PU型等狙擊鏡。其槍機拉柄會彎折，以避免操作時干涉到狙擊鏡。

〈各狙擊鏡的射程距離〉
PE型（4倍）：可瞄準至1400m
PU型（3.5倍）：可瞄準至1300m

口徑：7.62mm
彈藥：7.62×54mmR 7.62mm俄式彈
裝彈數：5發
作動方式：栓動式
全長：1232mm
槍管長：729mm
重量：5.125kg

《莫辛-納甘M1944卡賓槍》

發展自M1891/30的卡賓槍型。附摺疊式錐形刺刀。除蘇聯製品，也會使用中國授權生產的53式步騎槍。

全長：1016mm
槍管長：508mm
重量：3.45kg

《M1944錐形刺刀》

莫辛-納甘M1944卡賓槍採用的摺疊式錐形刺刀，可向槍身右側摺疊收納。

M1944卡賓槍與AK-47、SKS卡賓槍都是北越軍與越共常用的輕兵器。

錐形刺刀是一種特化穿刺能力的刺刀，特別是對冬季用的厚重羊毛服裝與大衣，貫穿力會比劍形刺刀強。

刺刀根部末端有鉤爪，可勾住刺刀座固定。

刺刀由刺刀筒、槍口環、刺刀座構成。摺疊時要以左手持槍，右手拉起刺刀筒，讓槍口環脫離槍口，然後向右側摺疊。

刀身剖面為十字形，採四棱刀刃設計。

AK-47突擊步槍

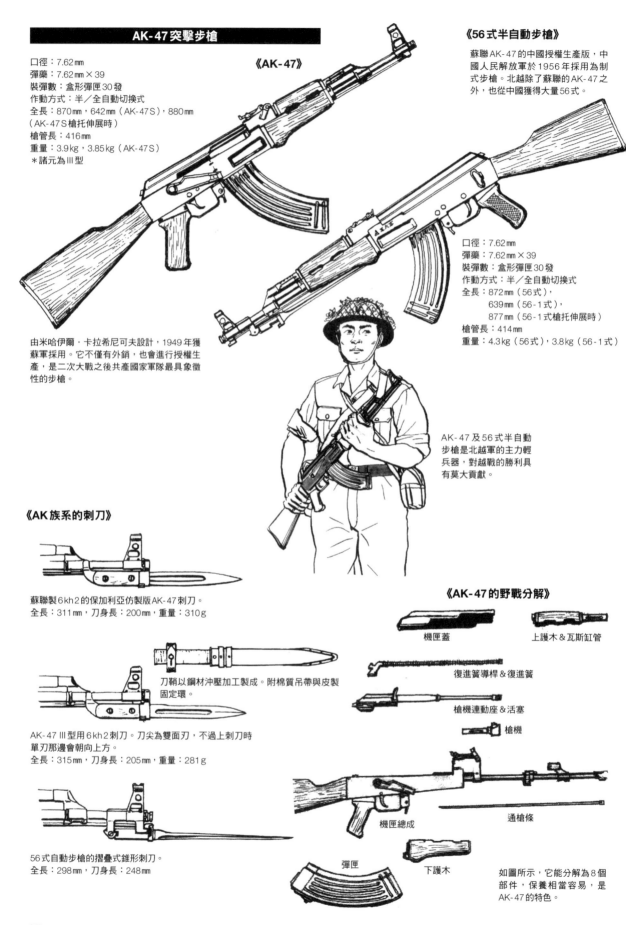

口徑：7.62mm
彈藥：7.62mm×39
裝彈數：盒形彈匣30發
作動方式：半／全自動切換式
全長：870mm，642mm（AK-47S），880mm
（AK-47S槍托伸展時）
槍管長：416mm
重量：3.9kg，3.85kg（AK-47S）
＊諸元為III型

《AK-47》

由米哈伊爾‧卡拉希尼可夫設計，1949年獲
蘇軍採用。它不僅有外銷，也會進行授權生
產，是二次大戰之後共產國家軍隊最具象徵
性的步槍。

《56式半自動步槍》

蘇聯AK-47的中國授權生產版，中
國人民解放軍於1956年採用為制
式步槍。北越除了蘇聯的AK-47之
外，也從中國獲得大量56式。

口徑：7.62mm
彈藥：7.62mm×39
裝彈數：盒形彈匣30發
作動方式：半／全自動切換式
全長：872mm（56式），
　　　　639mm（56-1式），
　　　　877mm（56-1式槍托伸展時）
槍管長：414mm
重量：4.3kg（56式），3.8kg（56-1式）

AK-47及56式半自動
步槍是北越軍的主力輕
兵器，對越戰的勝利具
有莫大貢獻。

《AK族系的刺刀》

蘇聯製6kh2的保加利亞仿製版AK-47刺刀。
全長：311mm，刀身長：200mm，重量：310g

刀鞘以鋼材沖壓加工製成。附棉質吊帶與皮製
固定環。

AK-47 III型用6kh2刺刀。刀尖為雙面刃，不過上刺刀時
單刃那邊會朝向上方。
全長：315mm，刀身長：205mm，重量：281g

56式自動步槍的摺疊式錐形刺刀。
全長：298mm，刀身長：248mm

《AK-47的野戰分解》

機匣蓋

上護木＆瓦斯缸管

復進簧導桿＆復進簧

槍機連動座＆活塞

槍機

機匣總成

通槍條

彈匣

下護木

如圖所示，它能分解為8個
部件，保養相當容易，是
AK-47的特色。

AK-47的衍生型

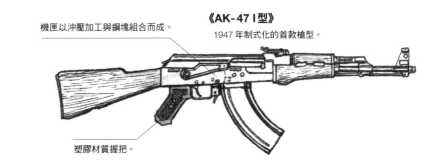

《AK-47 I 型》

1947年制式化的首款槍型。

機匣以沖壓加工與鋼塊組合而成。

塑膠材質握把。

《AK-47 II 型》

1953年重新設計的改良型。

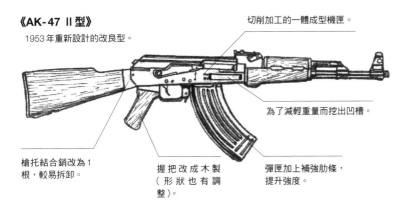

切削加工的一體成型機匣。

為了減輕重量而挖出凹槽。

槍托結合銷改為1根，較易拆卸。

握把改成木製（形狀也有調整）。

彈匣加上補強肋條，提升強度。

《摺疊式金屬槍托》

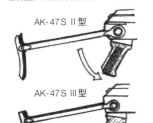

AK-47S II 型

AK-47S III 型

《AK-47 III 型》

進一步簡化製造工程的AK-47最終型。

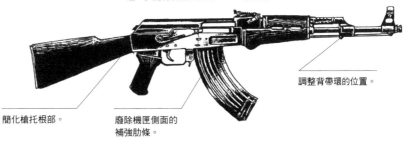

調整背帶環的位置。

簡化槍托根部。

廢除機匣側面的補強肋條。

《56式自動步槍》

AK-47 III型的中國授權生產版。

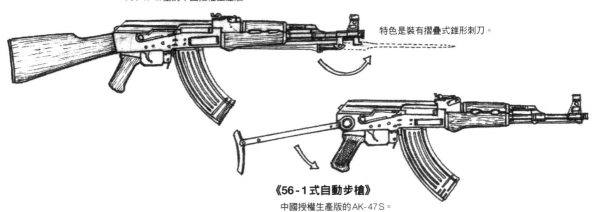

特色是裝有摺疊式錐形刺刀。

《56-1式自動步槍》

中國授權生產版的AK-47S。

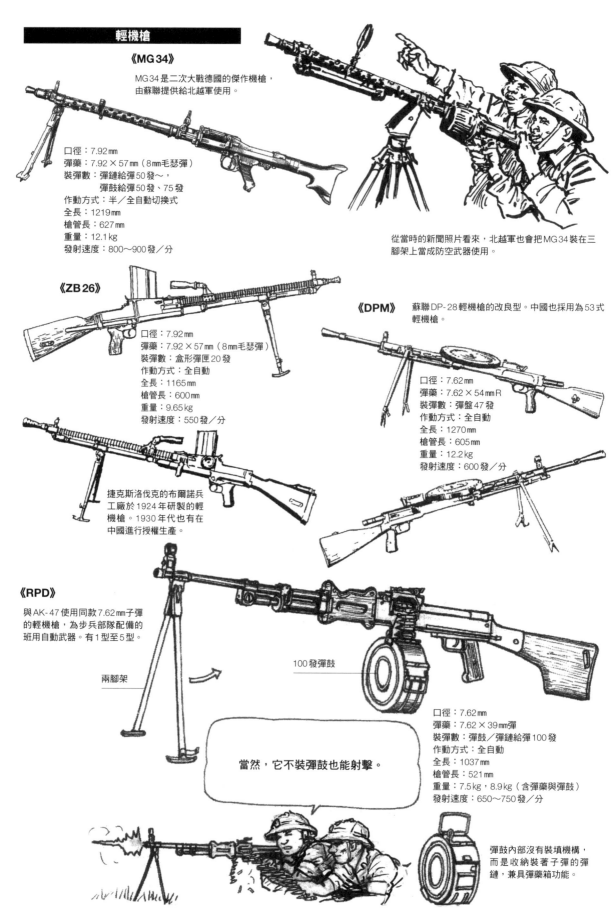

輕機槍

《MG 34》

MG34是二次大戰德國的傑作機槍，由蘇聯提供給北越軍使用。

口徑：7.92mm
彈藥：7.92×57mm（8mm毛瑟彈）
裝彈數：彈鏈給彈50發～，
　　　　彈鼓給彈50發、75發
作動方式：半／全自動切換式
全長：1219mm
槍管長：627mm
重量：12.1kg
發射速度：800～900發／分

從當時的新聞照片看來，北越軍也會把MG34裝在三腳架上當成防空武器使用。

《ZB 26》

口徑：7.92mm
彈藥：7.92×57mm（8mm毛瑟彈）
裝彈數：盒形彈匣20發
作動方式：全自動
全長：1165mm
槍管長：600mm
重量：9.65kg
發射速度：550發／分

捷克斯洛伐克的布爾諾兵工廠於1924年研製的輕機槍。1930年代也有在中國進行授權生產。

《DPM》

蘇聯DP-28輕機槍的改良型。中國也採用為53式輕機槍。

口徑：7.62mm
彈藥：7.62×54mmR
裝彈數：彈盤47發
作動方式：全自動
全長：1270mm
槍管長：605mm
重量：12.2kg
發射速度：600發／分

《RPD》

與AK-47使用同款7.62mm子彈的輕機槍，為步兵部隊配備的班用自動武器。有1型至5型。

兩腳架

100發彈鼓

當然，它不裝彈鼓也能射擊。

口徑：7.62mm
彈藥：7.62×39mm彈
裝彈數：彈鼓／彈鏈給彈100發
作動方式：全自動
全長：1037mm
槍管長：521mm
重量：7.5kg，8.9kg（含彈藥與彈鼓）
發射速度：650～750發／分

彈鼓內部沒有裝填機構，而是收納裝著子彈的彈鏈，兼具彈藥箱功能。

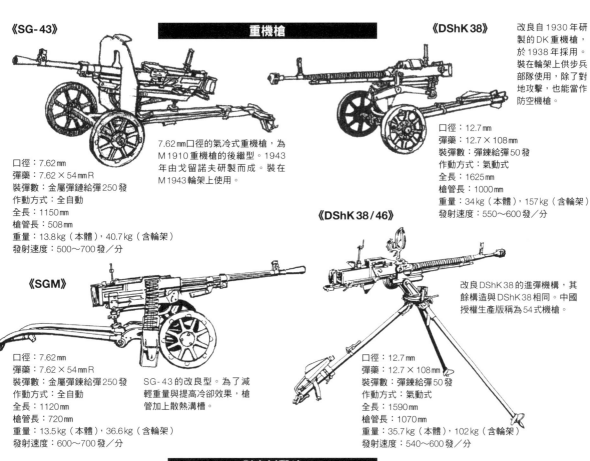

《SG-43》

重機槍

口徑：7.62mm
彈藥：7.62×54mmR
裝彈數：金屬彈鏈給彈250發
作動方式：全自動
全長：1150mm
槍管長：508mm
重量：13.8kg（本體），40.7kg（含輪架）
發射速度：500～700發／分

7.62mm口徑的氣冷式重機槍，為M1910重機槍的後繼型。1943年由戈留諾夫研製而成。裝在M1943輪架上使用。

《DShK 38》

改良自1930年研製的DK重機槍，於1938年採用。裝在輪架上供步兵部隊使用，除了對地攻擊，也能當作防空機槍。

口徑：12.7mm
彈藥：12.7×108mm
裝彈數：彈鏈給彈50發
作動方式：氣動式
全長：1625mm
槍管長：1000mm
重量：34kg（本體），157kg（含輪架）
發射速度：550～600發／分

《DShK 38/46》

《SGM》

口徑：7.62mm
彈藥：7.62×54mmR
裝彈數：金屬彈鏈給彈250發
作動方式：全自動
全長：1120mm
槍管長：720mm
重量：13.5kg（本體），36.6kg（含輪架）
發射速度：600～700發／分

SG-43的改良型。為了減輕重量與提高冷卻效果，槍管加上散熱溝槽。

改良DShK 38的進彈機構，其餘構造與DShK 38相同。中國授權生產版稱為54式機槍。

口徑：12.7mm
彈藥：12.7×108mm
裝彈數：彈鏈給彈50發
作動方式：氣動式
全長：1590mm
槍管長：1070mm
重量：35.7kg（本體），102kg（含輪架）
發射速度：540～600發／分

對空射擊法

《步槍的對空射擊姿勢》

會依情況以各種姿勢對應，其中又以利用地形與建築物的依托射擊最為穩定。

〔依托射擊〕

〔仰臥射擊〕

〔跪姿射擊〕

〔立姿射擊〕

利用樹枝分叉。

利用牆壁頂端。

《以輕機槍對空射擊（出自解放軍教範）》

以彈藥手為依托，2人1組進行射擊。射擊姿勢會配合飛機高度改變。

《對空射擊的射擊計算公式》

前置量（m）＝飛機速度（m／秒）×彈丸飛行時間（秒）

現在的防空武器是以20～30mm級機砲為主力，搭配雷達與射控儀，可對目標進行自動追蹤、瞄準、射擊。然而，若使用步槍與機槍，就得套用上面這條射擊計算公式進行目視瞄準，非常仰賴經驗與直覺。

對付移動的敵機，須瞄準其前方射擊，且前置量得依高度與速度進行調整。

射擊瞄準點　　向前取5個機身（前置量）

噴射機

敵機位置

直升機

向前取2個機身

雖然步槍與輕機槍並不適合對空射擊，但越戰時期仍有民兵以輕兵器擊落飛機的案例，威力不容忽視。

單兵攜行式反裝甲武器

北越軍與越共會使用單兵攜行式反裝甲武器在叢林戰對抗美軍與南越軍的裝甲車輛。

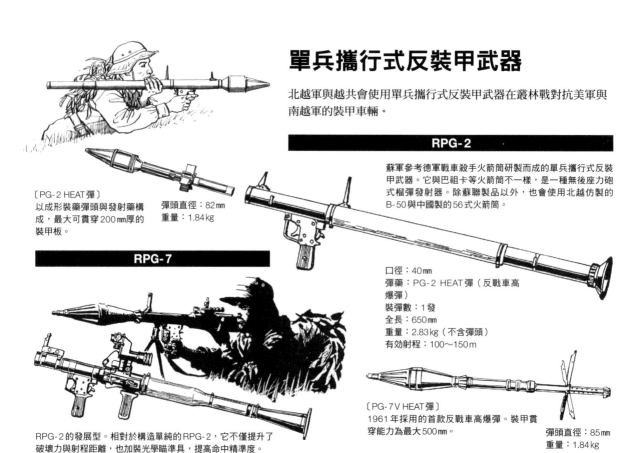

〔PG-2 HEAT彈〕
以成形裝藥彈頭與發射藥構成，最大可貫穿200mm厚的裝甲板。

彈頭直徑：82mm
重量：1.84kg

RPG-2

蘇軍參考德軍戰車殺手火箭筒研製而成的單兵攜行式反裝甲武器。它與巴祖卡等火箭筒不一樣，是一種無後座力砲式榴彈發射器。除蘇聯製品以外，也會使用北越仿製的B-50與中國製的56式火箭筒。

口徑：40mm
彈藥：PG-2 HEAT彈（反戰車高爆彈）
裝彈數：1發
全長：650mm
重量：2.83kg（不含彈頭）
有效射程：100～150m

〔PG-7V HEAT彈〕
1961年採用的首款反戰車高爆彈。裝甲貫穿能力為最大500mm。

彈頭直徑：85mm
重量：1.84kg

RPG-7

RPG-2的發展型。相對於構造單純的RPG-2，它不僅提升了破壞力與射程距離，也加裝光學瞄準具，提高命中精準度。

口徑：75mm
彈藥：PG-7V HEAT彈（越戰時期）
裝彈數：1發
全長：2100mm
發射管長：1700mm
重量：6.3kg（不含光學瞄準具）
最大射程：約1000m

《RPG-7的構造》

PG0-7V光學瞄準具
彈頭
噴管
扳機
隔熱護套
前握把
後握把

RPG-7的衍生型

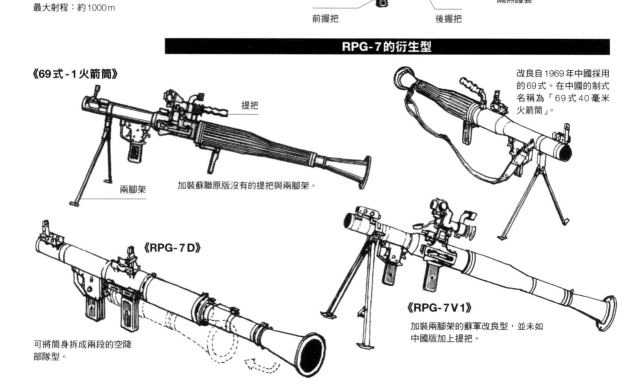

《69式-1火箭筒》

提把
兩腳架

加裝蘇聯原版沒有的提把與兩腳架。

改良自1969年中國採用的69式。在中國的制式名稱為「69式40毫米火箭筒」。

《RPG-7D》

可將筒身拆成兩段的空降部隊型。

《RPG-7V1》

加裝兩腳架的蘇軍改良型，並未如中國版加上提把。

RPG-7發射程序

《PG-7V HEAT彈的構造》

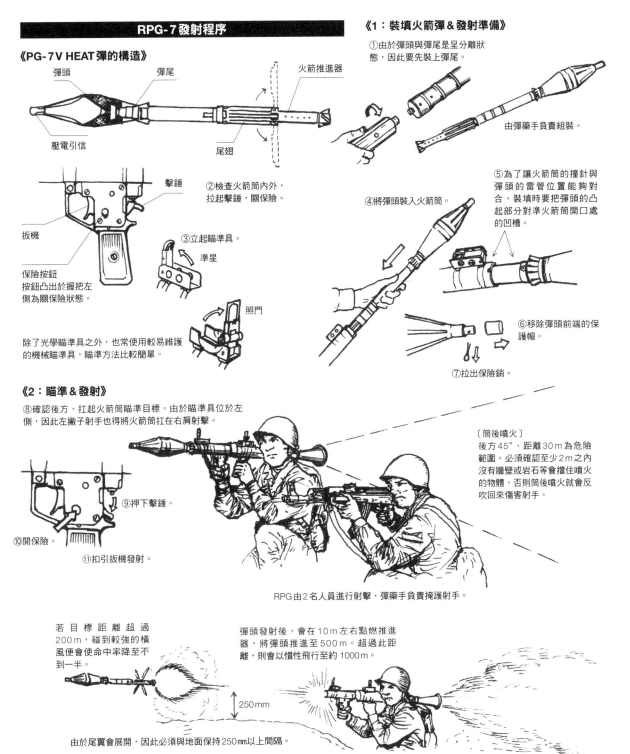

彈頭　　彈尾　　　火箭推進器

壓電引信　　尾翅

②檢查火箭筒內外，拉起擊錘，關保險。

擊錘

扳機

保險按鈕
按鈕凸出於握把左側為關保險狀態。

③立起瞄準具。

準星

照門

除了光學瞄準具之外，也常使用較易維護的機械瞄準具，瞄準方法比較簡單。

《1：裝填火箭彈＆發射準備》

①由於彈頭與彈尾是呈分離狀態，因此要先裝上彈尾。

由彈藥手負責組裝。

④將彈頭裝入火箭筒。

⑤為了讓火箭筒的撞針與彈頭的雷管位置能夠對合，裝填時要把彈頭的凸起部分對準火箭筒開口處的凹槽。

⑥移除彈頭前端的保護帽。

⑦拉出保險銷。

《2：瞄準＆發射》

⑧確認後方，扛起火箭筒瞄準目標。由於瞄準具位於左側，因此左撇子射手也得將火箭筒扛在右肩射擊。

⑨押下擊錘。

⑩開保險。

⑪扣引扳機發射。

〔筒後噴火〕
後方45°、距離30m為危險範圍。必須確認至少2m之內沒有牆壁或岩石等會擋住噴火的物體，否則筒後噴火就會反吹回來傷害射手。

RPG由2名人員進行射擊，彈藥手負責掩護射手。

若目標距離超過200m，碰到較強的橫風便會使命中率降至不到一半。

彈頭發射後，會在10m左右點燃推進器，將彈頭推進至500m。超過此距離，則會以慣性飛行至約1000m。

250mm

由於尾翼會展開，因此必須與地面保持250mm以上間隔。

附兩腳架的68式，可採更為穩定的臥姿射擊。

雖然RPG-7的射程距離約可達1000m，但由於彈頭易受橫風影響，因此要盡可能拉近發射距離。

發射時會產生閃光與爆音，筒後噴火也會揚起沙塵，很容易被敵軍發現，因此射擊後必須立刻變換位置。

〔RPG的弱點〕
彈頭引信是以碰撞目標的壓力作動，若撞到金屬網，就會因為壓力受到緩衝而無法引爆。

手榴彈

重量：310g
全長：117mm
直徑：58mm
炸藥：TNT 110g

1954年採用的蘇軍破片型
人員殺傷型手榴彈。

北越軍與越共使用的手榴彈有自製品以及蘇聯、中國、美國製品，種類相當多樣。除了這裡介紹的人員殺傷型之外，還有反戰車手榴彈等型。

《RGD-5的構造》

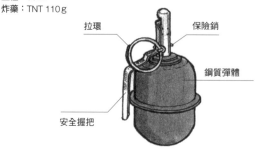

拉環　　保險銷

鋼質彈體

安全握把

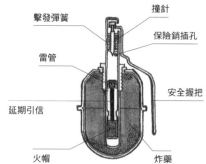

擊發彈簧　　撞針

保險銷插孔

雷管

延期引信

安全握把

火帽　　炸藥

《RGD-5的投擲方法》

①緊握安全握把與彈體。　②扳直保險銷。　③拉出拉環。　④朝目標投擲。

點火後隔3～4秒即會引爆。

67式木柄手榴彈

直徑：48mm
全長：204mm
重量：600g
炸藥：TNT 38g

中國製破片型手榴彈。
殺傷半徑為7m。

轉開保險蓋，戳破防潮紙，取出拉火繩，將右手小指套進拉環並用力投出。

若敵人已很接近，可用左手或嘴巴扯出拉火繩，便能迅速投出。

保護蓋

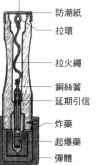

防潮紙
拉環

拉火繩

銅絲簧
延期引信

炸藥
起爆藥
彈體

《67式木柄手榴彈的構造》

《67式木柄手榴彈的投擲方法》

①轉開保護蓋，戳破防潮紙。　②取出拉環。

③將右手小指套入拉環。　④朝向目標投擲。

其他手榴彈

《北越製破片手榴彈》

設計與點火方式大多仿效美軍的Mk.II。

《帶柄手榴彈》
北越製破片型，
握柄比中國製品
短。引信為摩擦
點火式。

《Mk.II手榴彈》
從二次大戰開
始使用的美國
製破片手榴彈。

《米爾斯No.36M》
從二次大戰開
始使用的英國
製破片手榴彈。

《F1》
重量：600g
全長：117mm
直徑：55mm
炸藥：TNT 60g

以法軍的F1手榴彈為藍本，由蘇聯於1941年開始製造的破片型手榴彈。有效殺傷半徑為20～30m。

《RG-42》
重量：420g
全長：127mm
直徑：58mm
炸藥：TNT 200g

1942年二次大戰期間蘇軍制式採用的攻擊型手榴彈。

火砲等

迫擊砲

《31式60mm迫擊砲》

參考美國M2 60mm迫擊砲，中華民國於1940年代製造的迫擊砲。

口徑：60mm
砲管長：675mm
重量：20.2kg
最大射程：1530m

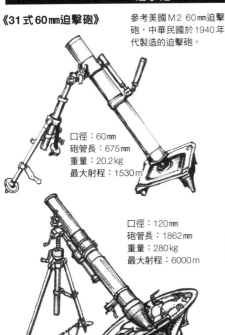

口徑：120mm
砲管長：1862mm
重量：280kg
最大射程：6000m

《M1938 120mm迫擊砲》

蘇軍於1936年制式採用的重迫擊砲。德軍在德蘇戰之際繳獲本砲後仿製出12cm GrW42。戰後供應給共產國家，在越南也有使用。

《BM37（M1937）82mm迫擊砲》

二次大戰時期蘇軍的主力中口徑迫擊砲。由於口徑為82mm，因此也能使用自敵繳獲的81mm迫擊砲彈。戰後外銷給共產國家，中國以53式迫擊砲為型號進行授權生產。

口徑：82mm
砲管長：1122mm
重量：56kg
最大射程：3040m

《MT-13（M-43）160mm重迫擊砲》

口徑：160mm
砲管長：3030mm
重量：1.27t
最大射程：5150m

將M1938迫擊砲搭載於車輛拖曳用牽引車上的狀態。

北越軍使用的最大型蘇聯製迫擊砲。由於砲管很長，因此砲彈無法自砲口裝填，必須透過支撐砲管的轉軸降下砲口，自砲尾裝填砲彈。

多管火箭

《63式107mm火箭砲》

口徑：107mm
彈藥：107mm火箭彈
裝填數：12發
全長：2600mm（牽引時）
全寬：1400mm
全高：1100mm
砲架：12管牽引式
重量：385kg、613kg（裝填火箭彈時）

中國研製的12連裝多管火箭砲，1963年制式採用。採電力發火設計，7～9秒可完成12發齊放。火箭彈有榴彈（HE）、破片榴彈（HE-Frag）、煙幕彈（白燐彈）3種。

反戰車飛彈

《9M14嬰兒式》

蘇聯研製的線導式反戰車飛彈。NATO代號為AT-3「火泥箱」。在越戰首次用於實戰，1972年擊毀過南越軍的M48戰車等。

直徑：125mm
全長：864m
重量：10.9kg
最大射程：3000m
最大裝甲貫穿力：400mm

〔9S415導控裝置〕

〔發射台與飛彈〕

搬運箱也兼具飛彈發射台功能。

射手透過望遠瞄準鏡追蹤飛彈尾焰與目標，並以搖桿操控飛彈。

無後座力砲

《56式75mm無後座力砲》

口徑：75mm
彈藥：75mm無後座力砲彈
裝填數：1發
全長：2100mm
砲管長：1700mm
全高：780mm
重量：34kg、52kg（含三腳架）
最大射程：6000m
貫穿力：150mm／30°，180mm／0°

美軍M20無後座力砲的中國仿製版52式無後座力砲的輕量化改良型。

《B-10無後座力砲》

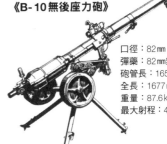

口徑：82mm
彈藥：82mm無後座力砲彈
砲管長：1659mm
全長：1677mm
重量：87.6kg
最大射程：4500m

蘇聯於1954年研製的滑膛無後座力砲。摺疊式三腳架上附有移動用車輪。1965年提供給北越使用。

地雷

北越軍會使用蘇聯、中國、法國、美國等國製造的地雷，其中又以種類琳瑯滿目的人員殺傷雷運用最為廣泛。人員殺傷雷是以殺傷人員為目的，不僅能夠傷害人體，遭攻擊的官兵在心理上也會受到影響。越共打游擊戰時，除了叢林之外，也會在各式各樣的場所設置人員殺傷雷，令美軍頭痛不已。

越共最常使用的陷阱，就是這種以手榴彈搭配絆索構成的型式。雖然原理很簡單，但卻十分管用。

咱們美軍會從步槍槍管垂下一條綁著口糧開罐器的線，用以提防陷阱絆索。

張力作動式人員殺傷雷

扯動連在引信上的絆索就會引爆的型式。

《POMZ-2》

直徑：58mm
全高：132mm
重量：1.9kg
本體材質：鐵

蘇聯以外的共產國家製造的代表性地雷。點火引信有2種；MUV在保險銷上施加約900g的力，就能拉出插銷點火引爆。UPM在頂端與側面各有一處可以繫上絆索，頂端對應的張力約為1.1～3.9kg，側面則為3.6～6.3kg，若絆索脫落或被切斷就會引爆。

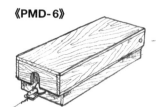

《PMD-6》

長：187mm
寬：88.9mm
全高：63.5mm
重量：396g
本體材質：木材

蘇聯製的木製地雷，地雷搜索器不易偵測。

《北越的改造地雷》

越共利用美軍BLU-24/B集束炸彈的未爆次彈械改造而成的人員殺傷雷。

直徑：95mm
重量：726g
本體材質：鐵

《M62》

長：117mm
寬：45mm
全高：53mm
重量：385g
本體材質：鐵

匈牙利製的人員殺傷雷。

跳炸式人員殺傷雷

一但觸碰跳炸式地雷的引信或勾到絆索，地雷就會從套筒中射出，跳飛至1m以上高度爆炸，令破片四散。

《OZM-3》

蘇聯製。

直徑：76.2mm
全高：119mm
重量：3.2kg
本體材質：鐵、塑膠

《PP-Mi-Sr》

捷克斯洛伐克製。

直徑：226mm
全高：137mm
重量：3.2kg
本體材質：鐵

《M16/A1》

美國製。

直徑：102mm
全高：198mm
重量：3.7kg
本體材質：鐵

《M2A4》

美國製。

直徑：104mm
全高：244mm
重量：2.9kg
本體材質：鐵

《M26》

美國製。

直徑：78mm
全高：144mm
重量：997g
本體材質：鋁材壓鑄

定向式人員殺傷雷

朝特定方向爆炸的型式。除了使用電力引信遙控操作外，也能利用絆索張力作動。是號稱效果最佳的人員殺傷雷。

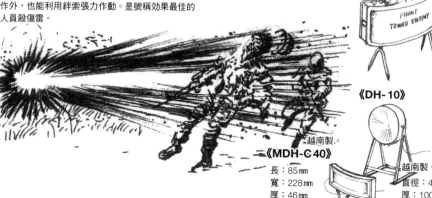

《M18A1闊劍》

美國製。

長：215mm
寬：82mm
厚：35mm
重量：1.58kg
本體材質：塑膠

《DH-10》

越南製。

《MDH-C40》

長：85mm
寬：228mm
厚：46mm
重量：1.6kg
本體材質：塑膠

越南製。

直徑：457mm
厚：100mm
重量：9kg
本體材質：鐵

《MON-50》

蘇聯製。

長：226mm
寬：155mm
厚：66mm
重量：2kg
本體材質：塑膠

壓力作動式人員殺傷雷

壓力作動式地雷，一般只要踩上去、對引信施加或解除壓力便會作動。

《PMK-40》
蘇聯製。

《 MN 》
蘇聯製。

《PMN》
蘇聯製。

直徑：114mm
全高：55.8mm
重量：816g
本體材質：電木

《M14》
美國製。

直徑：55.5mm
全高：39.6mm
重量：127g
本體材質：塑膠

《M25》
加拿大軍C3A1的
美國授權生產版。

直徑：51mm
全高：76mm
重量：80g
本體材質：鐵

《M3》
美國製。

長：135mm
寬：89mm
全高：135mm
重量：589kg
本體材質：鐵

《1948型》
法國製。

長：106mm
寬：99mm
全高：63.5mm
重量：589g
本體材質：瀝青材料

戰防雷

《8型多用途地雷》

中國製對人／反戰車兼用地雷。

直徑：228mm
全高：101mm
重量：5.4kg
本體材質：金屬製

《M15戰防雷》

共軍自南越軍或美軍繳獲使用。

直徑：333mm
全高：150mm
重量：13.6kg
本體材質：金屬製

地雷的作動方式

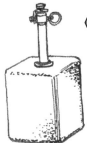

〔壓發式〕
最普遍的型式，踩到就會爆炸。

〔絆發式〕
勾到絆索就會引爆。

〔絆發剪斷式〕
以為是絆發式，但剪斷絆索就會引爆。

〔啟發式〕
拿起壓住引信點火裝置的物體就會引爆。

〔震動誘發式〕
感應車輛震動引爆。

〔磁力感應式〕
對金屬起反應引爆。

〔無線式〕
遙控引爆。

〔聲響式〕
對引擎聲、喇叭聲、警笛聲起反應引爆。

〔定時式〕
利用專用引信與時鐘；在設定好的時間引爆。

〔電器式〕
使用專用引爆器與電池等。

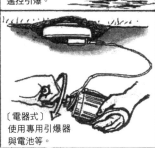

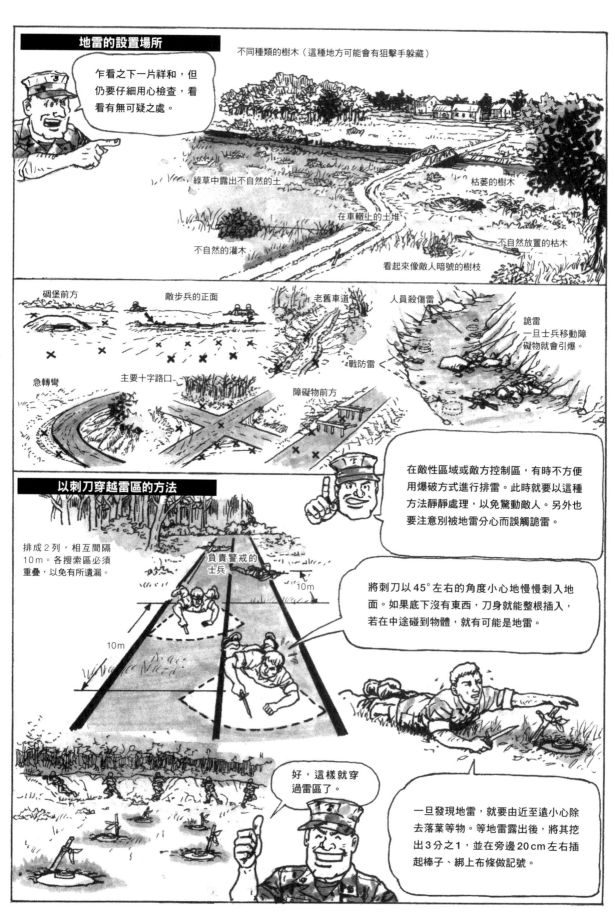

地雷的搜索與排除

搜索地雷必須充分具備與地雷有關的知識，並且時常保持細心。一旦發現各種徵候，就得迅速搜索地雷，並且做出適切處理。

處理地雷有以下各種方法。

讓下面這種排雷戰車前去引爆地雷，是最快速簡便的方式。

間接搜索

依靠觀察的方法

動態徵候
・敵方行動時會避開的區域
・有看似地雷監視員的人存在
・當地居民的言行等
靜態徵候
・土地稍有塌陷
・土壤變色，地面龜裂
・有設置地雷用的材料

利用空照圖判讀情資等

直接搜索

使用地雷探針及搜索器

使用炸藥

以爆導索或手榴彈等引爆地雷。

利用機械或家畜

派出無人車輛或無線（有線）遙控車輛。使用地雷搜索犬，或把牛馬等牲畜趕入想定雷區引爆地雷。

使用地雷搜索器。一旦發現地雷，就施以槍擊等處理。

《雷區偵察班》

搜索兵
地雷標記手
指揮官
（軍官或士官）
線盤
30m
警戒兵
預備兵
行進標線
後方警戒及聯絡兵

《雷區突破班》

搜索兵
地雷標記手
行進標線
指揮官
（士官）
排雷兵
排雷確認兵
通信兵
預備兵

《排雷戰車》

也會使用地雷探針或刺刀，45°角斜向插入地面搜索。

搜索器如果離地太高，靈敏度就會變差。

如果搜索器太過貼近地面，除了會把感應盤撞壞，也可能會觸碰到地雷。

《AN/PRS-3地雷搜索器》

可搜索鐵、非鐵金屬材質地雷。

北越軍的部隊編成與階級

北越軍的正式名稱是「越南人民軍」，分為陸、海、空三軍。越戰期間，其戰力每年都有變動，1973年時兵力為陸軍約50萬人、海軍約4000人、空軍約12000人。作為主力的陸軍，除了正規軍之外，還包括地方部隊與民兵（20萬～40萬人），進攻南越的規模據說平均為4個師。除此之外，中國與蘇聯也有對越南派兵，中國在1965～1973年總共派遣29個師的陸、海、空軍部隊，支援運輸與防空等工作。蘇聯則派遣8000名軍人作為軍事顧問，擔任教官指導兵器操作方法，並從事MiG戰鬥機訓練。

北越陸軍的階級

區分	階級/階級章	任職基準
兵	★ 兵二 ★★ 兵一	隊員
士官	── ★ 下士	副班長
	── ★★ 中士	班長
	── ★★★ 上士	
准軍官	准尉	副排長
尉官	★ 少尉	副連長
	★★ 中尉	連政治委員
	★★★ 上尉	連長
	★★★★ 大尉	副營長 營長 營政治委員
校官	★ 少校	
	★★ 中校	副團長 團長 團政治委員
	★★★ 上校	
	★★★★ 大校	副師長 師長、師政治委員 軍長 軍區政治委員
將官	☆ 少將	
	☆☆ 中將	副參謀總長 政治部總長
	☆☆☆ 上將	
	☆☆☆☆ 大將	參謀總長 總司令官 國防部長

《胡志明》

越南建國之父，首任國家主席。以民族自決與國家獨立為號召，對國民進行指導。1969年9月2日去世，享壽79歲，未能親見南北越南統一。

《武元甲》

1930年代便開始參與獨立運動，1945年發布獨立宣言後，在臨時政府先後擔任內政部長與國防部長。印度支那戰爭時擔任越軍總司令官指揮作戰。越戰繼續擔任總司令，引領北越邁向勝利。

部隊層級

層級	稱呼
伍	組
班	小隊
排	中隊
連	大隊
營	小團
團	中團
師	師團

北越軍的軍裝

北越軍的首款軍服制定於1940年代的越盟軍時代,到了1950年代則受中國人民解放軍的影響而改換軍服設計。越戰時期使用的軍服稱為58式,是1958年制定的款式。58式軍服一直使用到1980年換用新型為止。

《58式制服》

軍官用軍常服。以卡其色羊毛斜紋布製成,設計類似於中國人民解放軍制服。另有版型相同的棉質野戰用款。

《士官兵用野戰服》

上衣為襯衫型,有兩個口袋。

《防空部隊士兵》

操作高射砲與機砲的防空部隊官兵有配備鋼盔。

《裝甲車輛乘員》

野戰服與步兵相同。戰車帽為蘇聯供應品。

《帽徽》

1958年制定。

《野戰帽》

《58式軍官用制帽》

分為軍官用與士官兵用,兩者款式相同,但面料與內裡材質不同。

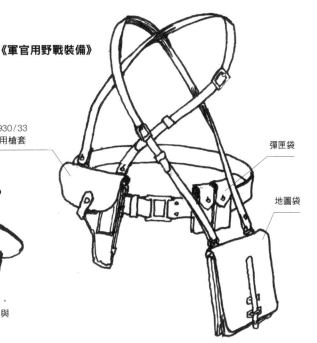

《軍官用野戰裝備》

TT 1930/33
手槍用槍套

彈匣袋

地圖袋

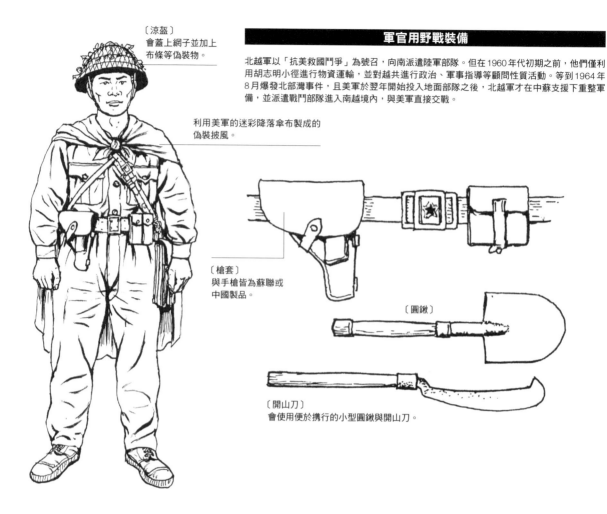

〔涼盔〕
會蓋上網子並加上
布條等偽裝物。

軍官用野戰裝備

北越軍以「抗美救國鬥爭」為號召，向南派遣陸軍部隊。但在1960年代初期之前，他們僅利
用胡志明小徑進行物資運輸，並對越共進行政治、軍事指導等顧問性質活動。等到1964年
8月爆發北部灣事件，且美軍於翌年開始投入地面部隊之後，北越軍才在中蘇支援下重整軍
備，並派遣戰鬥部隊進入南越境內，與美軍直接交戰。

利用美軍的迷彩降落傘布製成的
偽裝披風。

〔槍套〕
與手槍皆為蘇聯或
中國製品。

〔圓鍬〕

〔開山刀〕
會使用便於攜行的小型圓鍬與開山刀。

士官／兵的野戰裝備

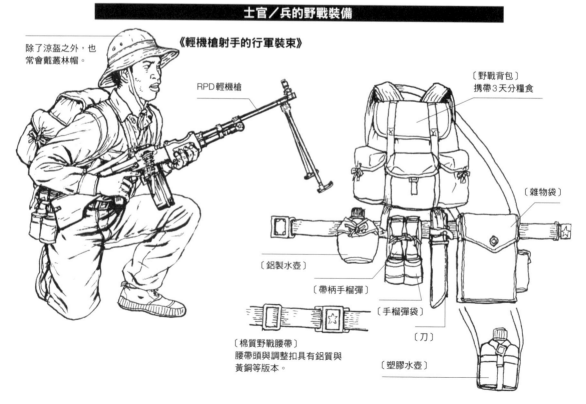

《輕機槍射手的行軍裝束》

除了涼盔之外，也
常會戴叢林帽。

RPD輕機槍

〔野戰背包〕
攜帶3天分糧食

〔雜物袋〕

〔鋁製水壺〕

〔帶柄手榴彈〕

〔手榴彈袋〕

〔刀〕

〔棉質野戰腰帶〕
腰帶頭與調整扣具有鋁質與
黃銅等版本。

〔塑膠水壺〕

頭盔

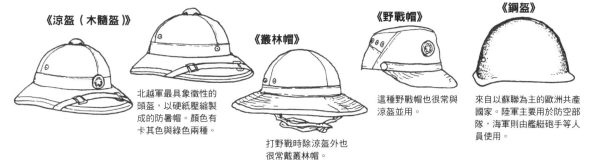

《涼盔（木髓盔）》

北越軍最具象徵性的頭盔，以硬紙壓縮製成的防暑帽。顏色有卡其色與綠色兩種。

《叢林帽》

打野戰時除涼盔外也很常戴叢林帽。

《野戰帽》

這種野戰帽也很常與涼盔並用。

《鋼盔》

來自以蘇聯為主的歐洲共產國家。陸軍主要用於防空部隊，海軍則由艦艇砲手等人員使用。

配備AK-47的一般士兵

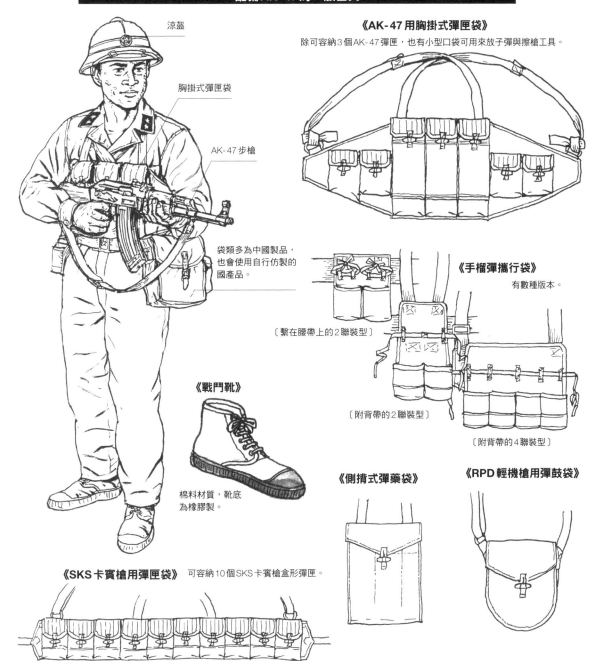

涼盔

胸掛式彈匣袋

AK-47步槍

袋類多為中國製品，也會使用自行仿製的國產品。

《戰鬥靴》

棉料材質，靴底為橡膠製。

《AK-47用胸掛式彈匣袋》

除可容納3個AK-47彈匣，也有小型口袋可用來放子彈與擦槍工具。

〔繫在腰帶上的2聯裝型〕

《手榴彈攜行袋》

有數種版本。

〔附背帶的2聯裝型〕

〔附背帶的4聯裝型〕

《側揹式彈藥袋》

《RPD輕機槍用彈鼓袋》

《SKS卡賓槍用彈匣袋》 可容納10個SKS卡賓槍盒形彈匣。

越南南方民族解放陣線（NLF）

印度支那戰爭後誕生的南越，不僅取締共產主義份子、採行偏袒基督教的政策、壓迫佛教徒，且還有政府高官貪汙、貧富差距等問題，使得政情一直很不穩定。除此之外，共產勢力的恐怖攻擊與民眾反政府運動也三不五時發生，政府只能不斷鎮壓。為了對抗政府鎮壓，以共產主義份子為主流，加上學生、勞工、知識份子、宗教人士、民族主義人士等各種團體便集合在一起，組成統一戰線。1960年12月10日，「越南南方民族解放陣線（National Liberation Front＝NLF，以下稱越共）」成立。此組織是由作為最高機關的幹部會與中央委員會進行運作，但實質上會接受北越政府指示活動。越共會以農村等處作為據點，進行反政府、反美宣傳工作，並襲擊南越軍與美軍基地、伏擊巡邏隊。在城市則發動炸彈恐怖攻擊，暗殺、綁架南越政府官員與軍人，以及從事諜報工作。其勢力在1960年成立時約有6萬人，到戰爭結束的1975年則擴大至45萬人。在美軍兵力到達頂峰的1968年，其戰鬥部隊的戰力據說約有10萬人。

越共的士兵

《行軍時的士兵》

自北方送來的物資，會以武器、彈藥為優先，因此糧食比較短缺。長途移動之際，會自越共勢力範圍內的農村取得食物。

《女性士兵》

女性比較不會直接參與戰鬥，主要負責整備胡志明小徑與設置詭雷陷阱。她們也會在城市裡的夜店坐檯，或是混入美軍基地擔任幫傭，從事情報蒐集。

《穿上戰鬥裝備的士兵》

1966年以降，北越開始正式提供支援，同時也有中國與蘇聯的物資送往南方，使得兵器與裝備都比照北越軍換成援助品。

《SKS卡賓槍用彈匣袋》

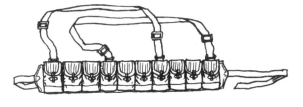

《M1卡賓槍》

《MAT-49》

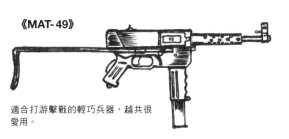

適合打游擊戰的輕巧兵器,越共很愛用。

為了從事游擊戰,服裝一般會穿農民日常使用的衣服。除了越共之外,北越軍的特種部隊也會穿用這種農民服。

《斗笠》

與農民服同為「越共游擊隊」最佳象徵的越南傳統斗笠。其實越共也常使用叢林帽或套上迷彩盔布的籐製涼盔。

《胡志明涼鞋》

回收舊輪胎製造而成的膠底涼鞋。

《戰鬥姿態》

配備中國製50式衝鋒槍與胸掛式彈匣袋。

攻擊之際,為了方便行動,僅著輕裝,只帶武器與彈藥。為了避免發出腳步聲,有時也會打赤腳。

降落傘布披風

美軍的迷彩降落傘布會被拿來當作偽裝用的披風,剪成條狀則可繫在涼盔上。自南越軍與美軍繳獲的M79榴彈槍等最新兵器也會拿來使用。

《行軍姿態》

MAT-49

米袋

雨衣

背包

水壺

彈匣袋

背包等袋類除了用來裝換洗衣物外,也會用來攜帶米(約20kg)、鹽、肉乾、魚乾等糧食。

越共的地道陣地，從印度支那戰爭就開始建構。到了越戰時期，當作據點的地區也會挖掘許多地道，特別是被稱為「鐵三角」的古芝地區，地下更是有座以總長綿延200km的地道層層相連的陣地。這種地道陣地，在地面上會設置出入口、射口、指揮所、通風口，且會妥善偽裝，以免被敵軍發現。地下則有防空壕、可進行外科手術的急救設施、彈藥庫、休憩所等區域，各區會以地道連結。為了防止敵軍入侵，地道會以上下左右蛇行方式挖掘，構造相當複雜，且還會設置陷阱，用以對付侵入之敵。

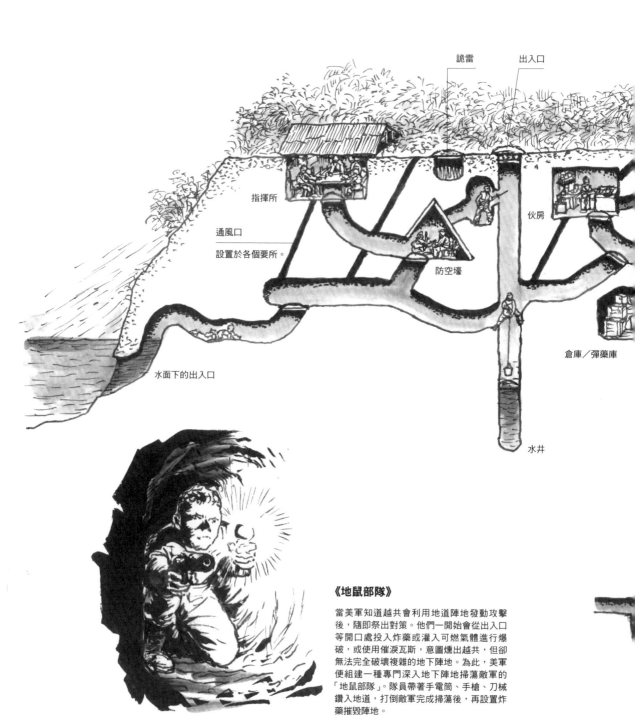

詭雷

出入口

指揮所

通風口

設置於各個要所。

防空壕

伙房

水面下的出入口

倉庫／彈藥庫

水井

《地鼠部隊》

當美軍知道越共會利用地道陣地發動攻擊後，隨即祭出對策。他們一開始會從出入口等開口處投入炸藥或灌入可燃氣體進行爆破，或使用催淚瓦斯，意圖燻出越共，但卻無法完全破壞複雜的地下陣地。為此，美軍便組建一種專門深入地下陣地掃蕩敵軍的「地鼠部隊」。隊員帶著手電筒、手槍、刀械鑽入地道，打倒敵軍完成掃蕩後，再設置炸藥摧毀陣地。

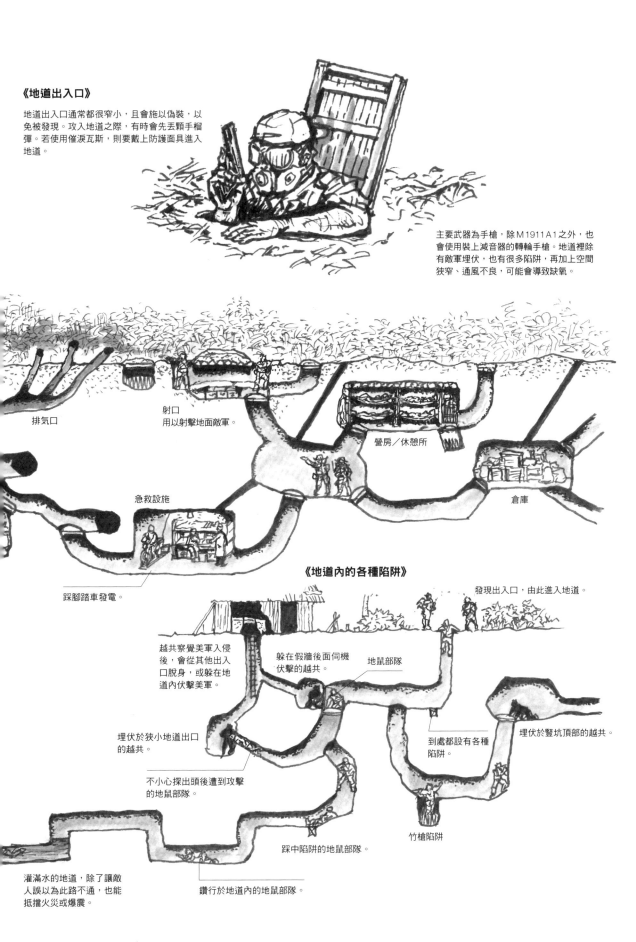

《地道出入口》

地道出入口通常都很窄小，且會施以偽裝，以免被發現。攻入地道之際，有時會先丟顆手榴彈。若使用催淚瓦斯，則要戴上防護面具進入地道。

主要武器為手槍，除M1911A1之外，也會使用裝上減音器的轉輪手槍。地道裡除有敵軍埋伏，也有很多陷阱，再加上空間狹窄、通風不良，可能會導致缺氧。

排気口

射口
用以射擊地面敵軍。

營房／休憩所

急救設施

倉庫

踩腳踏車發電。

《地道內的各種陷阱》

發現出入口，由此進入地道。

越共察覺美軍入侵後，會從其他出入口脫身，或躲在地道內伏擊美軍。

躲在假牆後面伺機伏擊的越共。

地鼠部隊

埋伏於竪坑頂部的越共。

到處都設有各種陷阱。

埋伏於狹小地道出口的越共。

不小心探出頭後遭到攻擊的地鼠部隊。

竹槍陷阱

踩中陷阱的地鼠部隊。

灌滿水的地道，除了讓敵人誤以為此路不通，也能抵擋火災或爆震。

鑽行於地道內的地鼠部隊。

165

越戰：空中與海上的戰鬥

北越軍的防空武器

美軍於1964年8月開始轟炸北越，為了保衛祖國，北越軍在中國、蘇聯支援下建構起防空網。用於防空作戰的主要武器，包括機砲、高射砲，以及當時最新的雷達導引防空飛彈等。

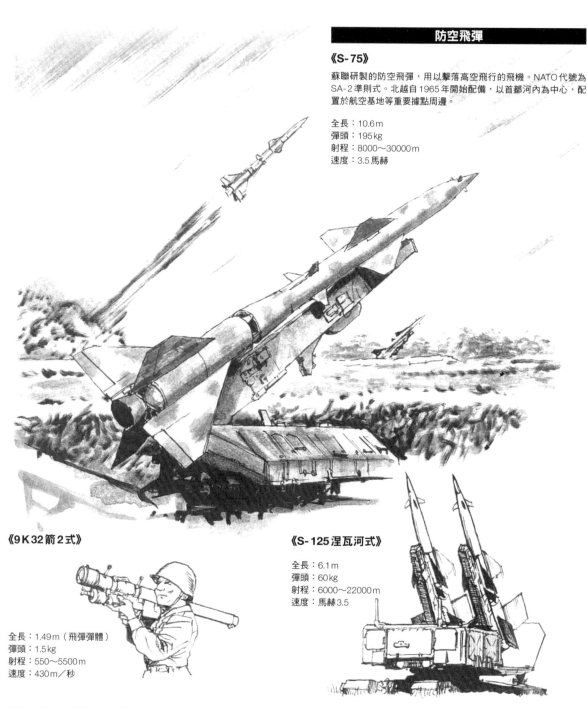

防空飛彈

《S-75》

蘇聯研製的防空飛彈，用以擊落高空飛行的飛機。NATO代號為SA-2準則式。北越自1965年開始配備，以首都河內為中心，配置於航空基地等重要據點周邊。

全長：10.6m
彈頭：195kg
射程：8000～30000m
速度：3.5馬赫

《9K32箭2式》

全長：1.49m（飛彈彈體）
彈頭：1.5kg
射程：550～5500m
速度：430m／秒

《S-125涅瓦河式》

全長：6.1m
彈頭：60kg
射程：6000～22000m
速度：馬赫3.5

蘇聯提供的單兵攜行式防空飛彈。NATO代號為SA-7A聖杯式。它採被動式紅外線導引，能追蹤飛機熱源摧毀目標。

蘇聯研製的中、高空用防空飛彈。NATO代號SA-3藏原羚式。發射器為2聯裝、3聯裝、4聯裝固定式。北越於1973年左右獲得供應。

《DShK 38 重機槍》

步兵部隊配備的重機槍，
也常用於防空射擊。

《ZPU-4》

把 KPV 重機槍裝在防空槍架上，構成 4
聯裝防空槍，用於低空防禦。另有 2
聯裝的 ZPU-2。

口徑：14.5mm
彈藥：14.5×114mm彈
裝彈數：彈鏈給彈 1200 發（1 挺）
重量：1.81t
最大射程：8000m（地面）
最大射高：5000m
有效射高：1400m
發射速度：600 發／分（1 挺）

《ZU-23-2》

使用 2 門 23mm 口徑 2A14 機砲的雙管高
射機砲，與 ZPU-4 一起肩負低空防禦。

口徑：23mm
彈藥：23×152mmB 彈
裝彈數：彈鏈給彈 50 發
重量：1.8t
有效射程：2500m（對地），2000m
（對空）
有效射高：1400m
發射速度：400 發／分

《2cm Flak 38》

Flak 38 為 1940 年德軍採用的高射機砲，是蘇聯早期援
助北越時提供的繳獲兵器之一。

口徑：20mm
彈藥：20×138mmB 彈
裝彈數：盒形彈匣 20 發
全長：4.08m
砲管長：1.3m
重量：450kg
最大射程：4800m（對地），3700m（對空）

口徑：37mm
彈藥：37×252mmSR 彈
裝彈數：彈夾給彈 5 發
全長：5.5m
砲管長：2.73m
重量：2.1t
最大射程：9500m（對地），6700m（對空）
有效射程：4000m（對空）

《61-K（M1939）》

蘇聯於 1938 年研製的中、低空用 37mm 防空
機砲。部署於北越的中國人民解放軍防空部
隊會配備自製版的 55 式從事防空戰鬥。

口徑：57mm
彈藥：57×348mmSR 彈
裝彈數：彈夾給彈 4 發
全長：8.5m
砲管長：4.4m
重量：4.6t
最大射程：4000m（光學瞄準），6000m
（雷達瞄準）

《S-60》

中、低空用 57mm 防空機砲。可透過雷達
指揮射擊，以搜索雷達搭配射控儀，最多
可指揮 8 門火砲射擊。

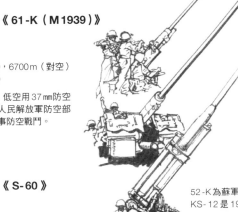

《52-K/ KS-12》

口徑：85mm
彈藥：85×629mmR 彈
裝彈數：1 發
全長：7.05m
砲管長：4.7m
重量：4.5t
最大射程：15650m（對地），
10500m（對空）

52-K 為蘇軍於 1939 年採用的 85mm 高射砲，
KS-12 是 1944 年的改良型。用以對付高度
1500～7000m 的目標。

《防空砲的最大射程（有效射程約為 1/3 至 1/2）》

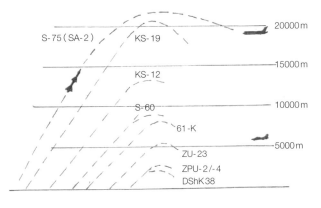

《KS-19》

口徑：100mm
彈藥：100×695mmR 彈
裝彈數：1 發
全長：7.05m
砲管長：4.7m
重量：4.5t
最大射程：21000m（對地），
12700m（對空）

北越軍配備的最大型高射砲，可
涵蓋高度 1900～8000m 的中、高
空域。每分鐘 15 發的發射速度可
對美軍飛機張開強力彈幕。

機降作戰

空中機動部隊第1騎兵師

身經百戰的第1騎兵師,於1965年8月派駐越南。該師於1965年7月自利用直升機施展空中機動戰術的第11空中突擊師(1963年2月成立的實驗師)改編而來,是最新銳的空中機動師。部隊以3個騎兵營為主幹,配屬1萬5787名兵力以及434架航空器(包含6架OV-1)。由於機動是以直升機為主,因此車輛只有1600輛,是步兵師的一半。派至越南約1個月後的10月,他們在德浪河谷戰役首次上陣,至美軍撤出越南為止,實施過多次機降作戰。

《搜索並殲滅作戰》

第1騎兵師善用空中機動,依以下要領實施作戰。
① 以空中騎兵偵察隊從事空中搜索,找出敵軍。
② 針對發現之敵,投入騎兵營以機降方式進入該區,實施地面巡邏。
③ 若以空中偵察發現敵軍,或是地面巡邏隊接敵,便讓攻擊部隊機降該處發動攻擊。
④ 依情況投入空中砲兵(以直升機空運榴彈砲)實施支援砲擊。
以空地一體方式發揮高度機動力的機降作戰,對共軍而言足具威脅,因此直到他們想出對策之前,都會積極迴避攻擊。

第1騎兵師的隊徽

《瘋馬行動》

空中機動連

機降

機降

空中支援

空中支援

砲兵陣地

「瘋馬行動」於1966年5月16日至6月5日在平定省山區與叢林實施,針對1個在山區發現的越共團發動包圍攻擊。第1騎兵師首先在敵正面部署伏兵,並於敵軍後方投入空中機動連完成包圍網,開始發動攻擊。此時砲兵部隊與空軍飛機有提供支援,以猛烈砲擊轟炸逼出越共,讓埋伏部隊得以對其攻擊,令越共損失慘重,只能撤退。此役也是一場實際證明機降戰術在山區也能發揮効用的作戰。

直升機從越戰開始當作主要作戰機種正式投入戰鬥，美軍使用的機型從1940年代到當時最新型都有，會依據用途進行運用。

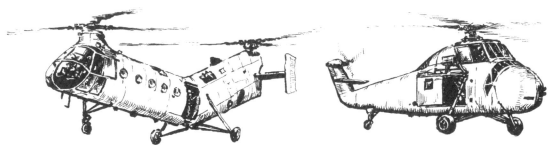

《波音垂直起降（皮亞塞基）CH-21肖尼式》

為支援南越軍，於1962年以軍事顧問團名義派遣的美國陸軍直升機運輸連使用的大型運輸直升機。可載運22名士兵。

《塞考斯基HUS-1（CH-34）海馬式》

陸戰隊使用的人員／貨物運輸直升機。可載運12名士兵。

《貝爾UH-1B伊洛魁式》

陸軍首先採用的是A型，B型為改良型，1961年3月開始運用。除了3名機組員之外，可搭載7名士兵。在越南主要當作砲艇機使用。

《塞考斯基CH-37C莫哈韋式》

應陸戰隊要求研製的運輸直升機，1956年服役，可載運26名士兵，是當時西方陣營最大的大型直升機。它在越南也會善用其大馬力，執行回收墜落直升機的任務。

《波音垂直起降CH-46D海騎士式》

取代HUS-1，於1961年採用的陸戰隊新型運輸直升機。除3名機組員之外，還可搭載25名士兵或約2.2t貨物。

《貝爾UH-1H伊洛魁式》

越戰的陸軍主力直升機。配備1400馬力發動機，並且延長機身，使後艙空間比早期生產型來得大，可搭載士兵增加至11名。

《叢林樹頂平台系統》

設置於叢林樹木頂端，供直升機起降的簡易平台系統。首先架設長60m、寬6m的十字形鋼網，再於其上設置5.4m的平台。平台上有動力絞盤，可讓人員與貨物降至地面，並拉上負傷者。

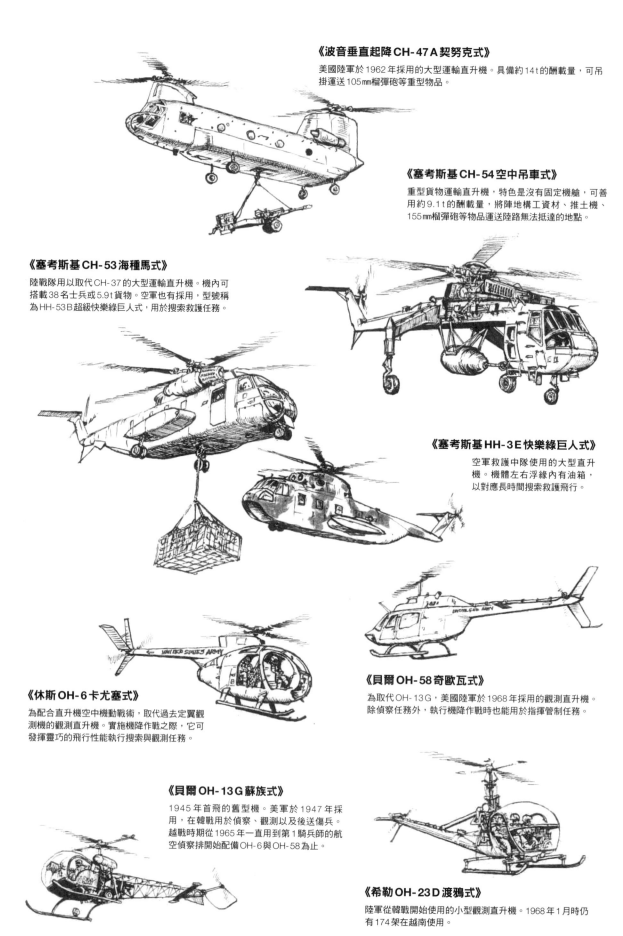

《波音垂直起降CH-47A契努克式》

美國陸軍於1962年採用的大型運輸直升機。具備約14t的酬載量，可吊掛運送105mm榴彈砲等重型物品。

《塞考斯基CH-54空中吊車式》

重型貨物運輸直升機，特色是沒有固定機艙，可善用約9.1t的酬載量，將陣地構工資材、推土機、155mm榴彈砲等物品運送陸路無法抵達的地點。

《塞考斯基CH-53海種馬式》

陸戰隊用以取代CH-37的大型運輸直升機。機內可搭載38名士兵或5.9t貨物。空軍也有採用，型號稱為HH-53B超級快樂綠巨人式，用於搜索救護任務。

《塞考斯基HH-3E快樂綠巨人式》

空軍救護中隊使用的大型直升機。機體左右浮緣內有油箱，以對應長時間搜索救護飛行。

《休斯OH-6卡尤塞式》

為配合直升機空中機動戰術，取代過去定翼觀測機的觀測直升機。實施機降作戰之際，它可發揮靈巧的飛行性能執行搜索與觀測任務。

《貝爾OH-58奇歐瓦式》

為取代OH-13G，美國陸軍於1968年採用的觀測直升機。除偵察任務外，執行機降作戰時也能用於指揮管制任務。

《貝爾OH-13G蘇族式》

1945年首飛的舊型機。美軍於1947年採用，在韓戰用於偵察、觀測以及後送傷兵。越戰時期從1965年一直用到第1騎兵師的航空偵察排開始配備OH-6與OH-58為止。

《希勒OH-23D渡鴉式》

陸軍從韓戰開始使用的小型觀測直升機。1968年1月時仍有174架在越南使用。

《UH-1C伊洛魁式砲艇機》

UH-1的衍生型，改造自B型的砲艇機。

24管2.75in　　　40mm
火箭莢艙　　　　榴彈機槍

《貝爾AH-1G眼鏡蛇式》

實施機降作戰時用以掩護、支援地面部隊，或執行偵察的世界首款攻擊直升機。機首配備7.62mm迷你砲與40mm榴彈機槍。機體左右短翼各有2處硬點，可掛載火箭莢艙或機砲莢艙等700kg內的各式武器。

《波音垂直起降 ACH-47契努克式砲艇機》

由於機體很大，因此能配備大量武器。機首可裝M5武裝次系統，機身左右側面各可掛載1具火箭英艙與XM M24A1（M24A1 20mm機砲），機艙可裝5挺M60機槍或M2重機槍等。由於是重武裝砲艇機，因此會被稱為「Guns A Go Go（備滿槍砲之意）」。

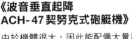

直升機的機載武器

砲艇機與攻擊直升機會配備以槍架、瞄準裝置、操控元件等構成的專用武器系統，配合直升機的種類與任務選擇搭載武器。

《M5武裝次系統》

裝設於UH-1系列與ACH-47機首的40mm榴彈發射系統。遙控英艙內裝有榴彈機槍與302發彈鼓。

《M21武裝次系統》

M134 7.62mm迷你砲用。彈藥透過輸彈管自機內彈箱供給。

《M16武裝次系統》

雙聯裝M60C機槍用。比照M21自機內給彈。

《UH-1D搭載M134》

裝在UH-1D後艙的M134 7.62mm迷你砲。

《M31武裝次系統》

M24A1 20mm機砲用的系統。機砲收在英艙內。

《M157 7管2.75in火箭英艙》

除M3之外，各型火箭英艙皆可裝在M16或M21武裝次系統上。

M159 19管2.75in火箭英艙（左）／M158 7管2.75in火箭英艙（右）

《M3 27管2.75in 火箭英艙》

《M26武裝次系統》

以3聯裝BGM-71拖式反戰車飛彈發射器與座艙瞄準裝置構成的系統。

《M22武裝次系統》

AGM-22B線導式反戰車飛彈用的系統。AGM-22B為法製SS11反戰車飛彈的美國陸軍型號。飛彈以手動方式導引。

美國空軍／海軍的直昇機

《卡曼HH-43B哈士奇式》

空軍採用的直升機，具備獨特的交差反轉式旋翼，用於滅火、搜索救護任務。

《卡曼H-2海妖式》

海軍的通用艦載直升機。1962年服役後，有推出救護、反潛巡邏等各種不同用途的構型。

《塞考斯基SH-3海王式》

1961年採用的海軍大型巡邏直升機。機身底部與左右浮緣設計成浮筒型，可在水上降落。

美軍的航空作戰

■滾雷行動　1965年3月2日～1968年10月31日

以美國空軍、海軍、陸戰隊飛機執行的越戰期間最大規模航空作戰，針對北越的航空基地、軍營、防空陣地、橋梁、鐵路調車場、發電廠、胡志明小徑等目標進行空襲。作戰總共分成4個階段進行，出擊超過30萬架次，投下約64萬3000t炸彈。美軍在滾雷行動損失約900架飛機與745名機組員，北越則估計有90000人死傷，其中包括72000名平民。

美國空軍飛機

北美F-100C超級軍刀式

世界首款實用化超音速戰鬥機，在越南作為戰鬥轟炸機運用。等F-105與F-4幽靈II式陸續到位後，便不再執行轟炸北越的任務，但仍能善用4門20mm機砲與約3t的炸彈酬載能力在南越境內從事密接空中支援。

共和F-105D雷長式

轟炸北越的主力戰鬥轟炸機。越戰時期使用D、F、G型。由於出擊架數與次數都很多，因此在越南因戰損與事故共損失超過300架。武器酬載量為6.4t。

《轟炸機》

馬丁B-57B坎培拉式

英國坎培拉B.2戰術轟炸機的馬丁公司授權生產版，主要用於攻擊胡志明小徑。武器酬載量為2.7t

《戰鬥機／戰鬥轟炸機》

麥克唐納F-4C幽靈II式

F-4的空戰纏鬥性能比同時代戰機優異，且具備約7t的武器酬載能力。因此它不僅能護航轟炸機，也可以執行轟炸任務。

通用動力F-111

能以超過2.5馬赫高速飛行的戰鬥轟炸機，同時也是世界首款實用化可變翼機。1967年7月開始服役，1968年3月於越南投入實戰。雖然它被歸類為戰鬥轟炸機，但由於機體尺寸較大，且重量也較重，因此空戰性能不佳，僅用於轟炸任務。武器酬載量為14.3t。

《電戰機》

道格拉斯FB-66

以B-66毀滅者式戰術轟炸機修改而成的電戰機。配備電子干擾裝置，可癱瘓敵方雷達與防空飛彈導引電波，支援轟炸部隊。

《偵察機》

RF-101C巫毒式

原本是要研製護航轟炸機用的長程戰鬥機，但後來卻採用為戰鬥轟炸機與偵察機。在越南使用的是偵察機型。

對北越的航空攻擊

北越
紅色王冠（警戒部隊）
河內
迪斯可（預警機）
北部灣
寮國
洋基場站（航艦部隊）
泰國
DMZ
駐南越美國空軍
南越
駐泰國美國空軍

洛克希德EC-121預警星式

空軍與海軍使用的預警機。機背與機腹裝有雷達，可在北部灣與寮國上空對北越空域進行預警與監視，也能對前往轟炸北越的攻擊隊進行空中管制。

《戰鬥機》

麥克唐納F-4B幽靈Ⅱ式
海軍／陸戰隊採用的首款型號，與空軍一樣從事護航與轟炸任務。

錢斯・沃特F-8十字軍式
除護航攻擊機外，也會從事轟炸北越與密接支援任務。

《攻擊機》

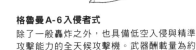

道格拉斯A-4天鷹式
機體雖小，但卻擁有4.4t武器酬載量的攻擊機。北部灣事件後，便是由它執行首次轟炸北越任務，同時也最先在北越被擊落。

格魯曼A-6入侵者式
除了一般轟炸之外，也具備低空入侵與精準攻擊能力的全天候攻擊機。武器酬載量為約8.1t。

道格拉斯A-3空中武士式
海軍的大型攻擊機。原本是設計成一款用來掛載當時尚未能夠縮小體積的核子炸彈的艦載攻擊機。空軍型稱為B-66。

道格拉斯A-1天襲者式
活躍於韓戰的攻擊機。由於是螺旋槳機，因此轟炸北越的出擊次數相對較少，常用於護航搜救直升機與從事密接支援。包括衍生型在內，除了美軍之外，南越空軍也有使用。武器酬載量為3.1t。

錢斯・沃特A-7海盜Ⅱ式
為取代A-4天鷹式，以F-8十字軍式為基礎研製而成的次音速攻擊機。空軍也有採用，以取代F-100。

《電戰機》

道格拉斯EKA-3B
由A-3空中武士式修改而成的電戰／空中加油機。

格魯曼EA-6B徘徊者式
配備各種電子干擾裝置，可擾亂北越軍的防空系統，支援轟炸北越任務。除此之外，它也能掛載AGM-45反輻射飛彈，攻擊敵軍雷達。

《預警機》

格魯曼E-1B追蹤者式
以艦載運輸機TF-1研改而成的艦載預警機。

道格拉斯EF-10B（F3D-2Q）
全天候型戰鬥機F-3D的電戰機型。在越南用到1969年。

格魯曼E-2鷹眼式
為搭載性能比E-1B高的大型雷達而研製的艦載預警機。首款量產型A型於1965年派至越南。

《偵察機》

北美RA-5C民團式
修改自A-5攻擊機的偵察機型，善用高速性能從事北越偵察任務。

173

■後衛行動

後衛行動I　1972年5月9日～10月23日　　後衛行動II　1972年12月18～29日

後衛行動I是一場以切斷北越補給線的方式阻止其攻勢的作戰，後衛行動II則是為了逼北越坐上停滯已久的媾和談判桌，
針對河內與海防進行轟炸。這兩場作戰是美軍在越南最後執行的大規模航空作戰。

美軍飛機

《戰鬥機／戰鬥轟炸機》

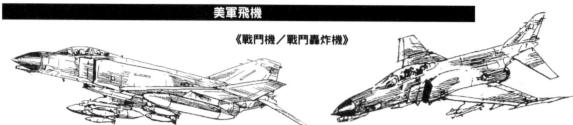

麥克唐納F-4D幽靈II式
延長機首、主翼加裝前緣翼縫、更換後燃器的修改型。

麥克唐納F-4E幽靈II式
提升航電性能，於機首下方加裝20mm火神砲，並可運用導引炸彈，提升空戰與對地攻擊能力的型號。

共和F-105G雷長式
由負責攻擊防空飛彈陣地的野鼬部隊使用。

《轟炸機》

波音B-52D/G同溫層堡壘式
在後衛行動II當中，派出150架出擊了700趟，對河內與海防進行猛烈轟炸。最大炸彈酬載量約16t。

《空中加油機》

波音KC-135同溫層加油式
自關島飛來的B-52必須進行空中加油。

洛克希德KC-130F
除了空軍之外，海軍與陸戰隊也會進行空中加油。KC-130F的主翼左右莢艙會放出加油軟管，可同時對2架飛機進行加油。

《偵察機》

洛克希德RS-71黑鳥式
能以超音速在高空飛行的戰略偵察機。在亞洲地區是以沖繩為基地，從事偵察飛行。

北越空軍機

洛克希德U-2
能飛在超過21000m高空的戰術偵察機。1960年代除空軍之外也為CIA進行偵察任務。

MiG-21魚床式
最大速度達2馬赫的戰鬥機。配備短程空對空飛彈與2門30mm機砲，能與F-4幽靈II式打個平分秋色。

北越的機場

莫邊府
福安
嘉林（河內國際機場）
安沛
克夫
和洛
芒街
關化
河內　海防
白梅
建安
清化　★
榮市
洞海

🛩戰鬥機常駐
🛩可起降戰鬥機
★輔助機場

MiG-17壁畫式
北越空軍的主力鬥機。雖然性能不如美軍戰鬥機，但在空戰中仍能發揮機動性進行纏鬥，擊落美軍飛機。

麥克唐納RF-4
取代RF-101偵察機的F-4幽靈II式偵察機型。

MiG-19農夫式
蘇軍首款實用化超音速戰鬥機。善用其速度與優於美軍飛機的纏鬥性能，擔任攔截任務。

雷恩147型閃電蟲式
無線遙控式無人戰術偵察機。為了減低因防空武器造成的偵察機損失而投入戰場。

對地攻擊機

COIN機（Counter Insurgency）是一種為了應付游擊戰等非正規戰鬥，於二次大戰之後登場的輕型攻擊機。COIN機能執行對地攻擊、觀測、偵察、運輸等多種用途，由於未配備高性能航電設備，因此製造成本較低，且不需要複雜訓練便能駕駛。越戰時期，美國空軍、陸戰隊、南越空軍會將其用於對地攻擊、前進空中管制等任務。

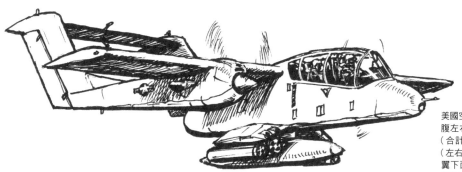

《北美 OV-10 野馬式》

全長：13.41m
翼展：12.19m
最大速度：463km/h
最大航程：927km
乘員：2名

美國空軍與陸戰隊採用的COIN機。機腹左右側浮緣各配備2挺M60C機槍（合計4挺）。掛載硬點包括機側浮緣（左右各2處）、機腹中線1處、左右主翼下面各1處，可佩掛副油箱、火箭莢艙，炸彈等裝備。

《OV-10的酬載艙》

OV-10的機身後段設有酬載艙，可用於運輸任務。

貨物1.4t

1名醫務兵與2副擔架

5名傘降裝備士兵

《北美 YAT-28E》

依據美國空軍要求，將T-28D強化為COIN機，於1963年推出的原型機。它換用渦輪螺旋槳發動機，除了2挺12.7mm機槍之外，還具備2.7t酬載量，左右主翼下面各有6處硬點。1963年2月首飛，但由於採用了OV-10，因此於1965年停止研製。

《西斯納 A-37 蜻蜓式》

改造自T-37教練機的輕型攻擊機。機體外形與教練機型相同，不過卻更換了發動機，並將座艙與油箱加上防彈功能，也配備固定武裝。美國空軍於1965年在越南測試運用後決定制式採用，擔任密接空中支援與FAC（前進空中管制）任務，並提供給南越空軍187架。固定武裝為1挺7.62mm迷你砲，左右主翼下面各有8處硬點，可佩掛約2.7t的炸彈、火箭莢艙、副油箱。

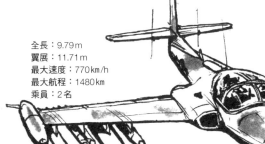

全長：9.79m
翼展：11.71m
最大速度：770km/h
最大航程：1480km
乘員：2名

《北美 T-28D 特洛伊人式》

換掉教練機型的發動機，於左右主翼下面各設置3處硬點的COIN機構型。無固定武裝，武器酬載量為540kg。由南越空軍使用。

全長：10.06m
翼展：12.22m
最大速度：552km/h
最大航程：1710km
乘員：2名

特殊炸彈

越戰時期，美軍投下大量炸彈轟炸北越。除了普通炸彈之外，也會依攻擊目標選擇使用各種炸彈投入戰場。

《鋪路I型雷射導引炸彈》

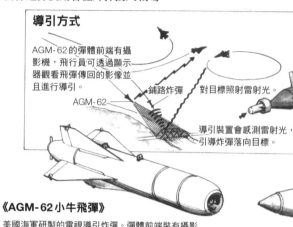

導引方式

AGM-62的彈體前端有攝影機，飛行員可透過顯示器觀看飛彈傳回的影像並且進行導引。

鋪路炸彈
AGM-62

對目標照射雷射光。

導引裝置會感測雷射光，引導炸彈落向目標。

鋪路導引系統是由雷射導引裝置和與其連動的動翼構成，能裝在既有機載通用炸彈上使用。投下炸彈後，投彈機或僚機會朝目標照射雷射光，讓彈體前端的感測器捕捉反射光，並操控炸彈落向目標。此套件可裝在500～3000磅的4種炸彈上使用。

《AGM-62小牛飛彈》

美國海軍研製的電視導引炸彈。彈體前端裝有攝影機，可拍攝影像傳回座艙，讓飛行員透過顯示器觀看，並引導飛彈飛向目標。此飛彈有小牛I型（510 kg）與小牛II型（1060 kg）兩種，用於對橋梁等目標實施精準攻擊。

《Mk.82蛇眼炸彈》

低空轟炸之際，為了避免炸彈爆炸後傷及投彈機，會在Mk.82通用炸彈尾部加裝高阻力鋼傘，以減低落彈速度。減速鋼傘在炸彈投下後會呈十字形張開，減緩炸彈掉落速度。

《BLU-82B除草彈》

用來在叢林內開設直升機起降場的大型炸彈。全長3.5m，直徑1.37m，重量6.8t，相當巨大，必須由C-130或C-123運輸機以降落傘投下。為了讓彈體能在地面爆炸，在彈頭前端裝有延長引信。

《燒夷彈》

以石腦油加上黏稠劑調製成膠質燃燒劑，又稱凝固汽油彈。1顆便能引起大範圍燃燒，用以攻擊叢林或被越共當成據點的村落。

《SUU-7系列撒布器》

備有19根直徑70mm裝填管的次彈械撒布器。依據次彈械種類，有數種不同構型。BLU-3/8人員殺傷彈會使用CBU-2/A（裝彈數360顆）或CBU-28/A（裝彈數409顆）撒布器。

人員殺傷次彈械，因形狀而被稱為鳳梨炸彈。自撒布器撒出後，會張開6片彈翅穩定彈體掉落姿態，並在著彈時藉衝擊引爆，摧毀目標。

《CBU-99/B（MK118 MOD.0）石眼II型》

反裝甲次彈械。SUU-75/A撒布器可容納247顆，投下後會在空中撒布。

《BLU-26/B芭樂彈》

又稱球形炸彈的人員殺傷次彈械。引信可設定為碰炸、定時、依高度，爆炸後會散出600顆鋼珠。

《BLU-3/B》

彈體內有250顆鋼珠。

《SUU-30H/B撒布器》

內部可容納655顆CBU-99/B，投下後撒布器會打開，撒出次彈械。在平地的破壞範圍可達300m寬、1000m長。

《BLU-43龍牙雷》

以造成負傷為目的的小型人員殺傷雷，重量60g，全長75mm，寬45mm，炸藥6g。可由CBU-28/A或CBU-37/A撒布器一次撒布4800顆。

《M83蝴蝶彈》

二次大戰德軍人員殺傷次彈械的美軍仿製版。撒布之後外殼會打開，呈不規則路徑掉落。因為外殼打開的形狀而被稱為蝴蝶彈。

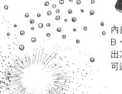

化學戰與電子戰

■牧場助手行動

　　美軍為了一口氣掃除越共據點而發動的「牧場助手行動」，是對越共潛伏的叢林撒布落葉劑，讓他們失去掩蔽，並讓田裡的農作物枯死，斷絕其糧食供應。這場作戰執行於1962年8月～1972年10月，使用藥劑72300m³，總撒布面積達170萬公頃。落葉劑是由C-123運輸機或直升機等自空中撒布，若以C-123採4機編隊，可讓藥劑覆蓋寬250m、長1.5km的範圍，撒布後2～3天即可見效。作戰於南越境內實施，並特別針對西貢西北方的鐵三角地區以及「鸚鵡嘴喙地區」等靠近柬埔寨邊境的越共據點集中撒布。撒布的藥劑有數種，其中橙劑含有戴奧辛劇毒，因此不只造成植物損傷，連農民、家畜，甚至是撒布藥劑的美軍機組員與地勤人員都蒙受其害，為後遺症所苦。

無人偵察機

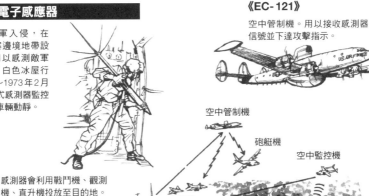

《147型閃電蟲式無人偵察機》

自火蜂式無人靶機發展而來的無人偵察機。可由DC-130運輸機自空中發射，並透過無線遙控飛行至目標上空拍攝照片，然後飛至回收地點以降落傘落下，讓配備回收裝置的CH-3直升機自空中回收。

電子感應器

　　美國為了防範北越軍入侵，在DMZ、寮國、柬埔寨邊境地帶設置許多電子設備，用以感測敵軍動靜。此作戰稱為「白色冰屋行動」，於1968年1月～1973年2月展開，使用各種空投式感測器監控胡志明小徑的人員與車輛動靜。

感測器會利用戰鬥機、觀測機、直升機投放至目的地。

空中管制機
砲艇機
空中監控機
攻擊機
監控中心
感測器
移動中的敵軍部隊

　　監控系統是以空地一體方式進行。首先由感測器偵測噪音與震動，並將訊號透過無線電傳送至天上的空中監控機。當空中監控機收到訊號後，會將其轉送至監控中心，由監控中心聯絡空中管制機申請攻擊。最後，依空中管制機指示出動的飛機便會朝對象地區發動攻擊。

《EC-121》

空中管制機。用以接收感測器信號並下達攻擊指示。

《ACOUSID III（Acoustic and Seismic Intrusion Detector）》

配備高性能麥克風與震動感測器，對噪音的感測距離約為400m，車輛震動感測範圍約為1000m，作動期間約為30天。感測器投下後會刺入地面，為了避免被敵人發現，本體會漆上迷彩。

砲艇機

美國空軍除了直升機之外，也會利用定翼機改造成砲艇機。經過多次改良，為了提升防區外攻擊能力，最後便演變成像AC-130這種大型機。它不僅具備強大火力，且能不分晝夜執行精準射擊，對付躲在叢林裡的共軍。

《AC-130E的內部》

駕駛艙　領航員　FAC

105mm砲彈架（54發）

電戰官　IR操作員

ASD-5定向天線

SUU-42 A/A火焰彈撒布器

各種感測器

AN/ALQ-87 ECM莢艙

彈藥架（40mm砲彈112發）

AVQ-19雷射目標指示／測距儀、ADC-145低光度攝影機、AJQ-24穩定追蹤儀等。

彈藥架（105mm砲彈72發）

20mm火神砲

7.62mm迷你砲

40mm機砲

105mm榴彈砲

AVQ-17探照燈

瞄準用雷達罩

機載武器

《GAU-2/A 7.62mm迷你砲》

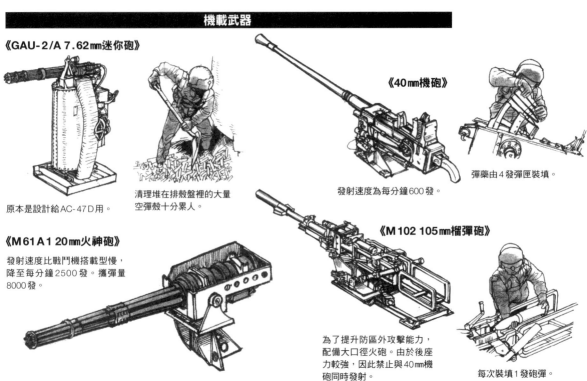

原本是設計給AC-47D用。

清理堆在排殼盤裡的大量空彈殼十分累人。

《40mm機砲》

彈藥由4發彈匣裝填。

發射速度為每分鐘600發。

《M61A1 20mm火神砲》

發射速度比戰鬥機搭載型慢，降至每分鐘2500發。攜彈量8000發。

《M102 105mm榴彈砲》

為了提升防區外攻擊能力，配備大口徑火砲。由於後座力較強，因此禁止與40mm機砲同時發射。

每次裝填1發砲彈。

砲艇機的變遷

《道格拉斯AC47-D鬼怪式／噴火神龍式》

改造自C-47運輸機的首款
砲艇機。配備7.62mm迷你砲
×3挺。

《AC47-D武裝強化型》

機載7.62mm迷你砲增加至11挺
以強化火力。

《費爾柴德AC-119G陰影式》

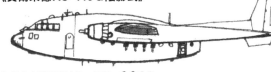

為提高夜間戰鬥性能，並增
加彈藥酬載量，將機型換成
C-119運輸機。配備7.62mm
迷你砲×4挺。

《費爾柴德AC-199K刺針式》

強化雷達與武裝。除
7.62mm迷你砲×3挺
之外，還配備20mm
機砲×2門。

《AC-130的追獵與擊殺戰術》

早期型的夜間感測器性能較差，因此會由攻擊機與照明機
2架為1組進行攻擊。

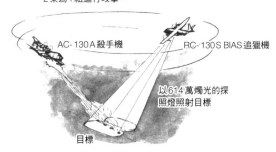

《洛克希德AC-130A砲艇機專案II》

由C-130運輸機研改而成的砲艇機原型。自1967
年開始投入實戰測試。配備7.62mm迷你砲×4挺、
20mm火神砲×4門。

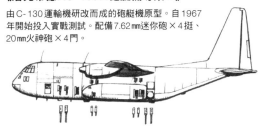

《洛克希德AC-130A快速鋪路式》

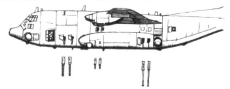

強化夜間感測器、目標追蹤雷達等電子設備。自此型開始，可單機發
現敵蹤並進行攻擊。配備7.62mm迷你砲×2挺、20mm火神砲×2門、
40mm機砲×2門。

《洛克希德AC-130E鋪路神盾式》

進一步強化火力。配備7.62mm迷你砲×2挺、20mm火神砲×2門、40
mm機砲×1門、105mm榴彈砲×1門。

《砲艇機的防區外攻擊性能》

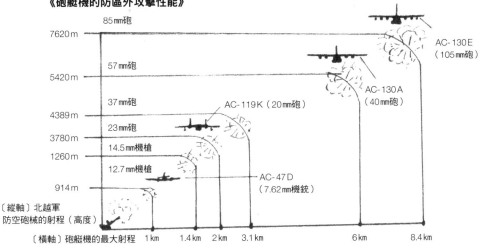

FAC機

前進空中管制官（FAC，Forward Air Controller）負責在戰場上空指揮對地面部隊的密接空中支援、砲擊支援，或對攻擊機進行目標指示、判斷砲擊轟炸效果等。在越南，為了找出藏匿於叢林的敵蹤，會使用能以低速長時間飛行的機型。

FAC任務使用的飛機

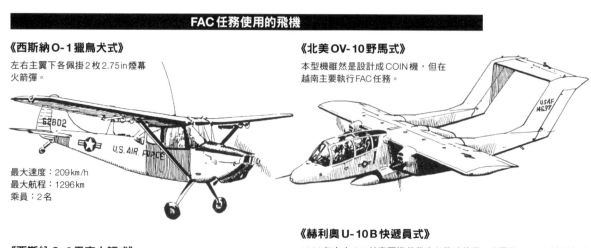

《西斯納O-1獵鳥犬式》

左右主翼下各佩掛2枚2.75in煙幕火箭彈。

最大速度：209km/h
最大航程：1296km
乘員：2名

《北美OV-10野馬式》

本型機雖然是設計成COIN機，但在越南主要執行FAC任務。

《西斯納O-2天空大師式》

機身前後都裝有螺旋槳的推拉式飛機，用以取代O-1。左右主翼下各可佩掛2具火箭莢艙或1具機砲莢艙。

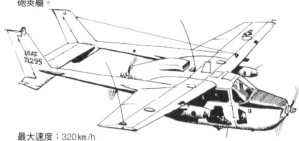

最大速度：320km/h
最大航程：1706km
乘員：2名

《赫利奧U-10B快遞員式》

1962年左右CIA於寮國進行秘密任務時使用。空軍於1965年採用本型機，供第5特種作戰中隊使用。

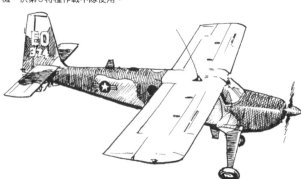

《洛克希德YO-3A寂靜星式》

最高速度：165km/h
最大航程：804km
乘員：2名

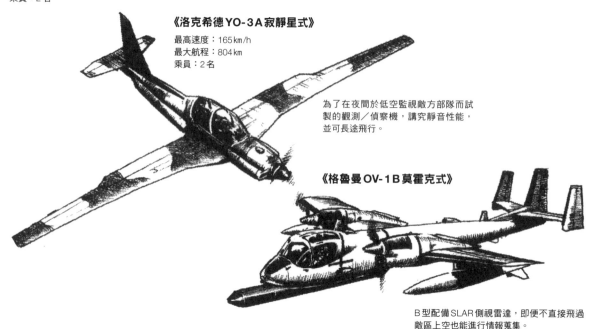

為了在夜間於低空監視敵方部隊而試製的觀測／偵察機，講究靜音性能，並可長途飛行。

《格魯曼OV-1B莫霍克式》

B型配備SLAR側視雷達，即便不直接飛過敵區上空也能進行情報蒐集。

FAC 的任務

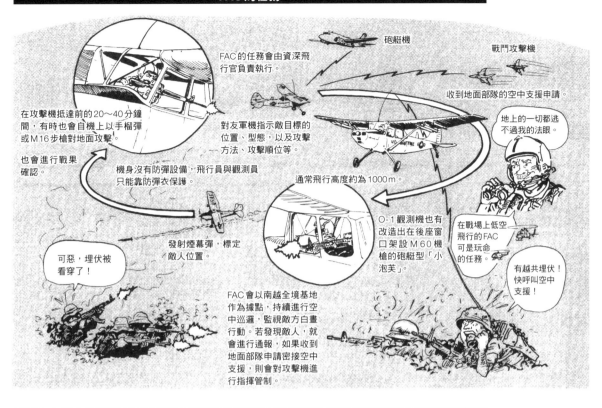

FAC 的任務會由資深飛行官負責執行。

砲艇機

戰鬥攻擊機

收到地面部隊的空中支援申請。

在攻擊機抵達前的 20～40 分鐘間，有時也會自機上以手榴彈或 M16 步槍對地面攻擊。

對友軍機指示敵目標的位置、型態，以及攻擊方法、攻擊順位等。

地上的一切都逃不過我的法眼。

也會進行戰果確認。

機身沒有防彈設備，飛行員與觀測員只能靠防彈衣保護。

通常飛行高度約為 1000m。

在戰場上低空飛行的 FAC 可是玩命的任務。

可惡，埋伏被看穿了！

發射煙幕彈，標定敵人位置。

O-1 觀測機也有改造出在後座窗口架設 M60 機槍的砲艇型「小泡芙」。

有越共埋伏！快呼叫空中支援！

FAC 會以南越全境基地作為據點，持續進行空中巡邏，監視敵方白晝行動。若發現敵人，就會進行通報，如果收到地面部隊申請密接空中支援，則會對攻擊機進行指揮管制。

越南的空中支援

若要對付防空火砲較為猛烈的目標，也會使用雙座噴射機，進行高速 FAC。

空軍的 F-5A

空軍首先用於高速 FAC 的是 F-100F。

海軍會使用 TF-9J 或 OA-4M、A-1。

①收到地面部隊申請空中支援的 FAC，在發現敵軍後，便會對攻擊機進行引導。

F-4 則是空軍／海軍皆會使用。

於目標附近巡邏的攻擊隊會對指示目標發動攻擊。美軍建構的系統，從申請支援到發動攻擊可以在 40 分鐘內完成。

②發射煙幕火箭彈指示目標（敵軍）位置。

對胡志明小徑的空襲

美國空軍為了切斷胡志明小徑的補給，投入各種戰術與飛機，實施對地攻擊。

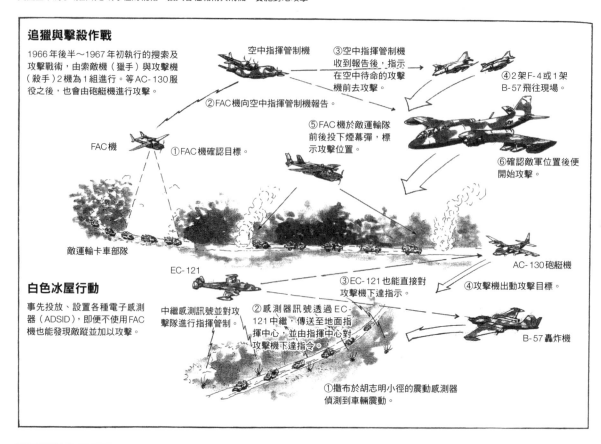

追獵與擊殺作戰

1966 年後半～1967 年初執行的搜索及攻擊戰術，由索敵機（獵手）與攻擊機（殺手）2 機為 1 組進行。等 AC-130 服役之後，也會由砲艇機進行攻擊。

空中指揮管制機

③空中指揮管制機收到報告後，指示在空中待命的攻擊機前去攻擊。

②FAC 機向空中指揮管制機報告。

FAC 機

①FAC 機確認目標。

⑤FAC 機於敵運輸隊前後投下煙幕彈，標示攻擊位置。

④2 架 F-4 或 1 架 B-57 飛往現場。

⑥確認敵軍位置後便開始攻擊。

敵運輸卡車部隊

EC-121

AC-130 砲艇機

③EC-121 也能直接對攻擊機下達指示。

④攻擊機出動攻擊目標。

白色冰屋行動

事先投放、設置各種電子感測器（ADSID），即便不使用 FAC 機也能發現敵蹤並加以攻擊。

中繼感測訊號並對攻擊隊進行指揮管制。

②感測器訊號透過 EC-121 中繼，傳送至地面指揮中心，並由指揮中心對攻擊機下達指令。

B-57 轟炸機

①撒布於胡志明小徑的震動感測器偵測到車輛震動。

越戰的 B-57

B-57 B

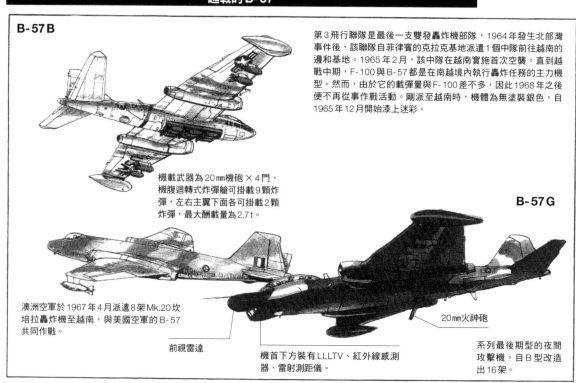

第 3 飛行聯隊是最後一支雙發轟炸機部隊，1964 年發生北部灣事件後，該聯隊自菲律賓的克拉克基地派遣 1 個中隊前往越南的邊和基地。1965 年 2 月，該中隊在越南實施首次空襲。直到越戰中期，F-100 與 B-57 都是在南越境內執行轟炸任務的主力機型。然而，由於它的載彈量與 F-100 差不多，因此 1968 年之後便不再從事作戰活動。剛派至越南時，機體為無塗裝銀色，自 1965 年 12 月開始漆上迷彩。

機載武器為 20mm 機砲×4 門，機腹迴轉式炸彈艙可掛載 9 顆炸彈，左右主翼下面各可掛載 2 顆炸彈，最大酬載量為 2.7t。

B-57 G

澳洲空軍於 1967 年 4 月派遣 8 架 Mk.20 坎培拉轟炸機至越南，與美國空軍的 B-57 共同作戰。

前視雷達

機首下方裝有 LLLTV、紅外線感測器、雷射測距儀。

20mm 火神砲

系列最後期型的夜間攻擊機。自 B 型改造出 16 架。

搜索救護任務

美國空軍為了救援被擊落或因事故墜落於北越或南越境內敵方控制區的空勤機組員，會在南越與泰國的各空軍基地派駐搜索救護中隊執行任務。

搜索救護部隊（SAR）

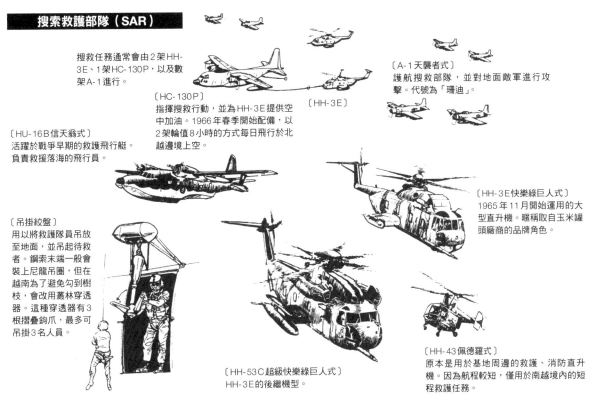

搜救任務通常會由2架HH-3E、1架HC-130P，以及數架A-1進行。

〔HC-130P〕
指揮搜救行動，並為HH-3E提供空中加油。1966年春季開始配備，以2架輪值8小時的方式每日飛行於北越邊境上空。

〔HH-3E〕

〔A-1天襲者式〕
護航搜救部隊，並對地面敵軍進行攻擊。代號為「珊迪」。

〔HU-16B信天翁式〕
活躍於戰爭早期的救護飛行艇。負責救援落海的飛行員。

〔吊掛絞盤〕
用以將救護隊員吊放至地面，並吊起待救救者。鋼索末端一般會裝上尼龍吊圈，但在越南為了避免勾到樹枝，會改用叢林穿透器。這種穿透器有3根摺疊鉤爪，最多可吊掛3名人員。

〔HH-3E快樂綠巨人式〕
1965年11月開始運用的大型直升機。暱稱取自玉米罐頭廠商的品牌角色。

〔HH-53C超級快樂綠巨人式〕
HH-3E的後繼機型。

〔HH-43佩德羅式〕
原本是用於基地周邊的救護、消防直升機。因為航程較短，僅用於南越境內的短程救護任務。

搜索救護行動

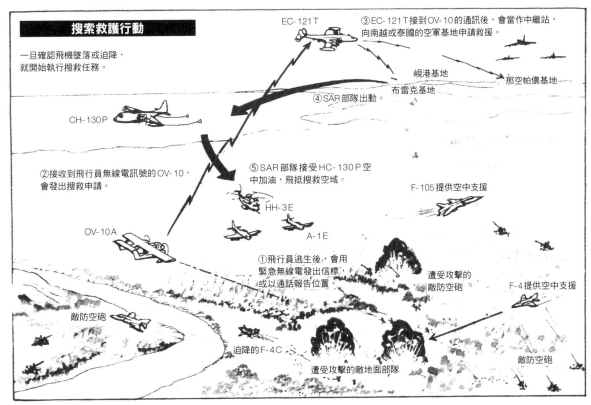

一旦確認飛機墜落或迫降，就開始執行搜救任務。

EC-121T

③EC-121T接到OV-10的通訊後，會當作中繼站，向南越或泰國的空軍基地申請救援。

峴港基地
布雷克基地

那空帕儂基地

CH-130P

④SAR部隊出動。

②接收到飛行員無線電訊號的OV-10，會發出搜救申請。

⑤SAR部隊接受HC-130P空中加油，飛抵搜救空域。

F-105提供空中支援

HH-3E

OV-10A

A-1E

①飛行員逃生後，會用緊急無線電發出信標，或以通話報告位置。

遭受攻擊的敵防空砲

F-4提供空中支援

敵防空砲

迫降的F-4C

遭受攻擊的敵地面部隊

敵防空砲

野鼬攻擊機

1965年7月24日，北越配備的SA-2防空飛彈擊落了美軍的F-4C。為此，美軍採取ECM（電子反制）等對抗手段，以降低被擊落的風險。然而，北越又進一步換裝SA-3，日益強化防空網，使得美軍飛機持續遭受防空飛彈威脅。為了保護攻擊部隊不受防空網攻擊，美國空軍採用了一項新戰術，直接摧毀防空飛彈。這種新戰術是派出一支稱為「鐵手」的專責攻擊隊，在轟炸隊前往空襲北越之前，先行飛抵作戰空域，摧毀北越軍以防空雷達、航空管制設施、防空砲械、防空飛彈等構成的防空網。從事這項任務的攻擊機，則會稱作「野鼬機」。攻擊機首先會捕捉敵方發出的防空雷達波，或是防空飛彈的射控雷達波，並以百舌鳥等反輻射飛彈摧毀之。之後，再以一般對地攻擊手段，破壞包含防空飛彈在內的相關設施。1966年展開作戰時，野鼬機編隊會以4架組成，通常為1架備有電子收訊器與解析裝置，後座載著EWO（Electronic Warfare Officer，電子作戰官）的F-105F/G雙座戰鬥機搭配3架F-105D一起行動，或是由2架F-105F各伴隨1架F-105D獨立行動。

野鼬機的任務，在於先一步抵達作戰空域，排除目標區的SA-2準則式雷達導引防空飛彈（SAM）威脅，保護後續飛來的攻擊部隊。為了達成任務，野鼬機有時還得自行擔任誘餌，在不干擾敵方雷達的狀況下實施俯衝轟炸，故意誘使SAM發射。野鼬機會以大角度俯衝，並且操作急轉彎，閃避朝向自己飛來的防空飛彈。然而，若飛行員無法緊盯速度3倍於戰鬥機巡航速度的來襲飛彈，就有可能遭到擊落⋯。

由於野鼬機得先一步飛抵威脅區域，並撐到最後才能脫離，因此作戰時間有時長達3.5小時，若燃油不足則會轉降泰國的空軍基地。

野鼬機的攻擊方法

躍升攻擊

機體脫離。

野鼬機

自低空入侵以避免遭敵雷達偵測，抵達時先拉升迴避防空砲火，到達一定高度後再反轉俯衝發動攻擊。

投擲炸彈或發射火箭彈

目標　防空砲

以百舌鳥飛彈攻擊

野鼬機

百舌鳥飛彈會以偵測到的敵方雷達波作為目標進行歸向。北越軍為了反制這種攻擊，會齊射SAM，或以斷續方式發射雷達波。

百舌鳥飛彈

扇歌雷達除偵測之外，也能追蹤6個目標。

SA-2防空飛彈（SAM）

《EB-66 E》

早期的野鼬任務為了對敵防空雷達與通信系統進行電子干擾，會讓本型機與F-100F組成獵殺小組，擔任支援攻擊的獵人角色。

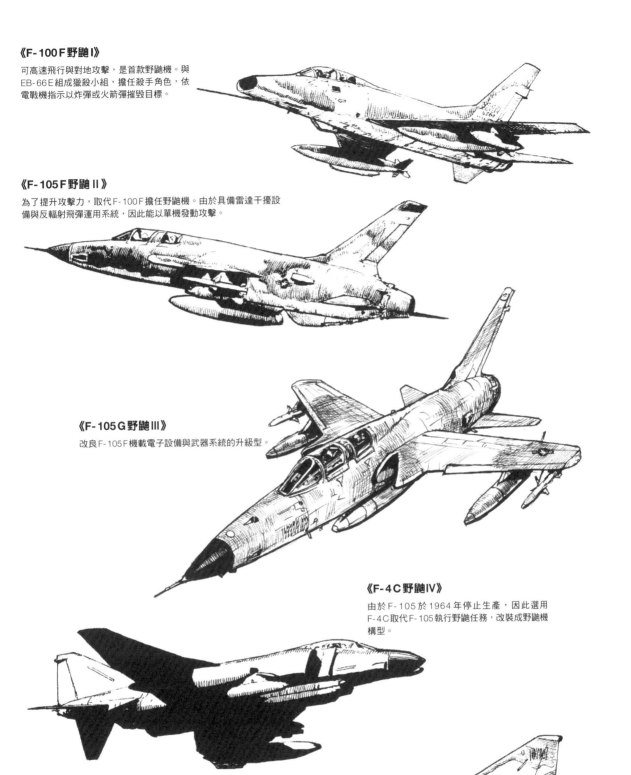

《F-100F 野鼬 I》

可高速飛行與對地攻擊，是首款野鼬機。與
EB-66E組成獵殺小組，擔任殺手角色，依
電戰機指示以炸彈或火箭彈摧毀目標。

《F-105F 野鼬 II》

為了提升攻擊力，取代F-100F擔任野鼬機。由於具備雷達干擾設
備與反輻射飛彈運用系統，因此能以單機發動攻擊。

《F-105G 野鼬 III》

改良F-105F機載電子設備與武器系統的升級型。

《F-4C 野鼬 IV》

由於F-105於1964年停止生產，因此選用
F-4C取代F-105執行野鼬任務，改裝成野鼬機
構型。

《F-4G 野鼬 V》

自F-4E改造而成，1978年開始服役。
F-4G是一款完成度很高的野鼬機，也曾活
躍於後來的波灣戰爭。

越戰的新奇兵器

1950年代～1970年代，基於技術上的發展以及對應新型戰術，美軍與美國各家廠商曾研究、開發過各式各樣的兵器。其中有些兵器堪稱傑作，有些則是相當新奇。

《軍用海豚》

美國海軍在1960年開始研究如何利用海洋哺乳類動物在海中探測潛艦與水雷。在各種生物當中，美軍選了水下聽音能力較強的寬吻海豚，據說在越戰曾投入金蘭灣防衛。海豚不僅可以偵測敵人，甚至還有計畫要讓牠們揹上炸彈攻擊敵軍艦艇。

〔海豚部隊的水下巡邏〕
用以探測敵潛艦，找到之後會發送訊號，讓我方艦艇前去攻擊。除了這項任務之外，還會在我方蛙人活動時驅趕鯊魚，也有預定用來搜索迫降海上的飛行員。

《P-170地雷搜索器》

裝在M151A1或M38A1吉普車等小型車輛上使用的地雷搜索器。搜索器裝在長約4.5m的支架前端，用以探測埋設的地雷或詭雷。透過附屬的操控組件，在偵測到地雷後，還能讓車輛自動停止。

《蓋瑞特STAMP（Small Tactical Aerial Mobility Platform）》

蓋瑞特公司研製的「小型戰術空中移動平台」，它是一種VTOL（垂直起降）飛行器，是陸戰隊計畫的「飛天吉普車」方案之一。座艙部分沿用自OH-6，裝在後方的渦輪發動機排氣會從機身左右與尾端的導管噴出，推動機體飛行。

《克萊斯勒兩棲車》

克萊斯勒公司於1964年製作的兩棲車。車體左右裝有兼具浮筒功能的雪茄形螺旋槳推進器，用以推動車體前進。除了地面與水上之外，它也能在沼澤或沙地上行駛，但由於無法達到要求速度，因此停止研製。

《皮亞塞基VZ-8 空中吉普車》

因應美國陸軍的「飛天吉普車」構想，由直升機廠商皮亞塞基公司於1957年研製的小型VTOL機。機身前後配備大型舉升風扇，用以起飛、推進。1958年9月成功首飛，曾試製出將發動機從往復式發動機換成渦輪軸發動機等6種。由於同時期也在研製高性能小型直升機，因此計畫僅停留在試製階段。

全長：7.45m
全寬：2.82m
總重量：1.65t
最大速度：136km/h
最大升限：914m
武裝：M139 20mm機砲×1，M60機槍×1
乘員：3名

《洛克希德XM800W裝甲偵察車》

洛克希德公司應美國陸軍要求研製的輪型裝甲偵察車。它的車身分成前後兩截，行駛於崎嶇地形時可配合地貌起伏讓車身左右扭動。此外，它也配備水噴射系統，可在水上行駛。

重量：7.7t
最高速度：104km/h（路上）
武裝：M139 20mm機砲×1，M60機槍×1
乘員：3名

美國海軍的活動

在北越沿海的艦砲岸轟

美國海軍派遣至越南的第7艦隊第75.8特遣支隊曾投入對北越的艦砲岸轟作戰，用以呼應飛機轟炸北越。巡洋艦與驅逐艦會對距離北越海岸線約20～30km範圍內的北越軍設施（防空陣地與防空雷達站等）、港灣、工廠、交通設施等目標進行砲擊，澳洲海軍艦艇也有參與作戰。

岸轟作戰在1966～1972年共實施了「海龍行動」（1966年10月25日～1968年10月31日）、「訂製裁縫行動」（1972年5月）、「獅子巢穴行動」（1972年5月9日～10月23日）。除了砲轟北越，在1968年春節攻勢之際，美國海軍船艦也曾在南越北部沿海執行岸轟支援。由於艦砲岸轟不分晝夜皆可射擊，且在飛機無法起飛的惡劣天候下也能執行，因此對北越軍與越共來說是極大威脅。

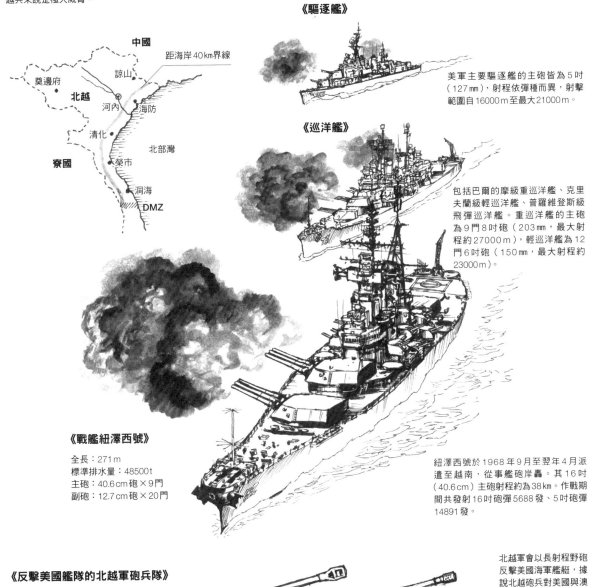

《驅逐艦》

美軍主要驅逐艦的主砲皆為5吋（127mm），射程依彈種而異，射擊範圍自16000m至最大21000m。

《巡洋艦》

包括巴爾的摩級重巡洋艦、克里夫蘭級輕巡洋艦、普羅維登斯級飛彈巡洋艦。重巡洋艦的主砲為9門8吋砲（203mm，最大射程約27000m），輕巡洋艦為12門6吋砲（150mm，最大射程約23000m）。

中國
距海岸40km界線
諒山
莫邊府
北越
河內
海防
清化
北部灣
寮國
榮市
洞海
DMZ

《戰艦紐澤西號》

全長：271m
標準排水量：48500t
主砲：40.6cm砲×9門
副砲：12.7cm砲×20門

紐澤西號於1968年9月至翌年4月派遣至越南，從事艦砲岸轟。其16吋（40.6cm）主砲射程約為38km。作戰期間共發射16吋砲彈5688發、5吋砲彈14891發。

《反擊美國艦隊的北越軍砲兵隊》

北越軍會以長射程野砲反擊美國海軍艦艇，據說北越砲兵對美國與澳洲海軍艦艇造成損害超過200艘。

D-30 122mm榴彈砲
發射速度：7～8發／分
最大射程：15400m，21900m（火箭增程彈）

M-46 130mm加農砲
發射速度：5發～8發／分
最大射程：27500m，38000m（火箭增程彈）

D-20 152mm榴彈砲
發射速度：5～6發／分
最大射程：17400m，24000m（火箭增程彈）

1964年8月2日，北越海軍的魚雷快艇對在北部灣執行北越近岸巡邏任務的美國海軍驅逐艦「馬多克斯號」施放魚雷，並以槍砲射擊展開反擊，擊毀1艘敵魚雷快艇，剩下的2艘也有受損。2天後的8月4日，在爆發衝突的海域，美軍驅逐艦「特納・喬伊號」與「馬多克斯號」再度和北越軍魚雷快艇交戰。這場衝突日後被稱為「北部灣事件」，自從美國開始派兵後，美國海軍艦艇與北越魚雷快艇截至1971年曾交戰達30次。與派出戰艦與多艘航空母艦等大量艦艇的美國海軍相比，北越海軍的兵力僅有士兵3500人，魚雷快艇、巡邏艇、飛彈快艇等約50艘，規模相當小。儘管雙方戰力差距如此懸殊，北越海軍的魚雷快艇仍會對靠近海岸的美國艦艇發動攻擊。

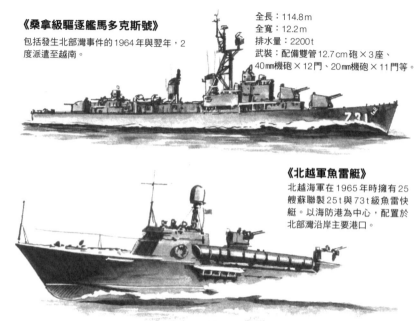

《桑拿級驅逐艦馬多克斯號》

包括發生北部灣事件的1964年與翌年，2度派遣至越南。

全長：114.8m
全寬：12.2m
排水量：2200t
武裝：配備雙管12.7cm砲×3座、40mm機砲×12門、20mm機砲×11門等。

《北越軍魚雷艇》

北越海軍在1965年時擁有25艘蘇聯製25t與73t級魚雷快艇。以海防港為中心，配置於北部灣沿岸主要港口。

遭水雷封鎖的北越主要港口圖

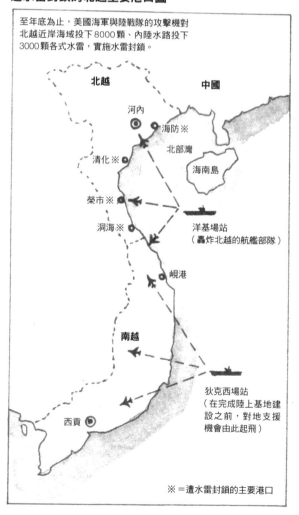

至年底為止，美國海軍與陸戰隊的攻擊機對北越近岸海域投下8000顆、內陸水路投下3000顆各式水雷，實施水雷封鎖。

北越

中國

河內

海防※

北部灣

清化※

海南島

榮市※

洞海※

洋基場站
（轟炸北越的航艦部隊）

峴港

南越

狄克西場站
（在完成陸上基地建設之前，對地支援機會由此起飛）

西貢

※＝遭水雷封鎖的主要港口

對北越的水雷封鎖作戰

為了封鎖北越的海上運輸，美軍於1972年5月8日針對海防港等主要港口與河川實施水雷封鎖作戰「零用錢行動」。
不具備水雷掃除能力的北越軍對此束手無策，港口將近300天皆處於癱瘓狀態，船舶也都無法航行。
這場作戰是為了頓挫北越軍的攻勢，為當時在巴黎舉行的和平談判帶來有利條件。事實上，美國在談辦桌上便以掃除水雷作為交換條件，讓北越答應釋放美軍俘虜。美國政府對這場封鎖作戰有進行事前通告，期間並無船舶與人員損失。布放的水雷於1973年1月簽署和平協定後，由美國海軍完成掃除。

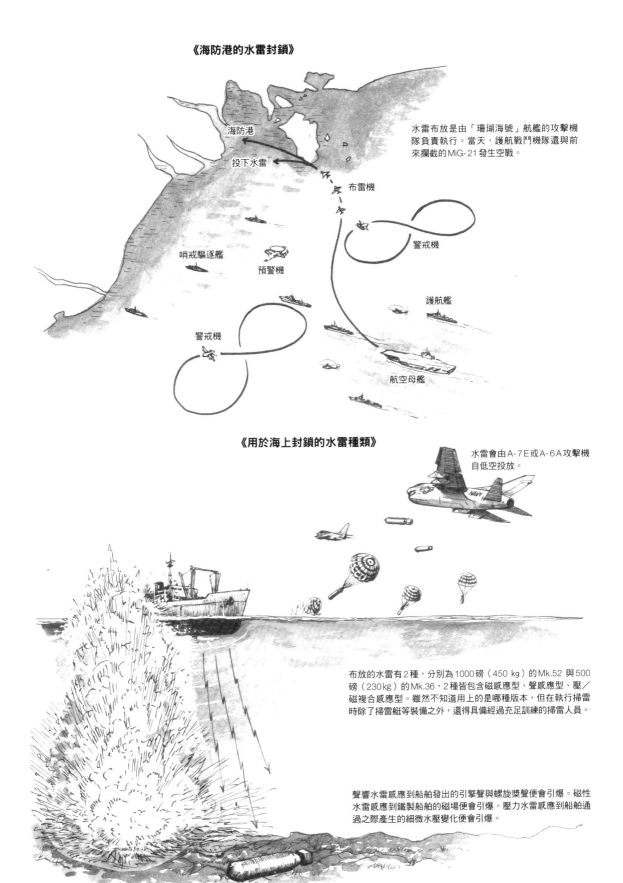

《海防港的水雷封鎖》

海防港

投下水雷

布雷機

警戒機

哨戒驅逐艦

預警機

護航艦

警戒機

航空母艦

水雷布放是由「珊瑚海號」航艦的攻擊機隊負責執行。當天，護航戰鬥機隊還與前來攔截的MiG-21發生空戰。

《用於海上封鎖的水雷種類》

水雷會由A-7E或A-6A攻擊機自低空投放。

布放的水雷有2種，分別為1000磅（450 kg）的Mk.52 與500磅（230kg）的Mk.36，2種皆包含磁感應型、聲感應型、壓／磁複合感應型。雖然不知道用上的是哪種版本，但在執行掃雷時除了掃雷艇等裝備之外，還得具備經過充足訓練的掃雷人員。

聲響水雷感應到船舶發出的引擎聲與螺旋槳聲便會引爆。磁性水雷感應到鐵製船舶的磁場便會引爆。壓力水雷感應到船舶通過之際產生的細微水壓變化便會引爆。

湄公河三角洲與MRF作戰區域

柬埔寨

湄公河

邊和

MRF總司令部

西貢

美湫

美湫河

暹羅灣

漢良河

哥毛岬

鼓枘河

巴薩河

南海

西貢南方的湄公河三角洲地區，有包括湄公河在內的大小河川，越共經常利用這些水路進行物資補給與調動部隊。美國海軍為了切斷這些補給線，派出了「內河機動軍」（Mobile River Force，MRF），又稱「褐水海軍」（Brown Water Navy，BWN）。MRF以內河巡邏隊、內河突擊隊、第3直升機攻擊（輕）中隊，加上陸軍的第9步兵師第3旅編組而成，不僅負責巡邏內河，也會攻擊越共據點。

《巡邏艇母艦》

改造自戰車登陸艦（LST），當作巡邏艇員的宿舍使用。甲板可以起降直升機，能運用砲艇直升機。

《UH-1B》

《CH-54》

若巡邏艇因戰損或故障等原因無法航行，有時也會派出陸軍的CH-54大型運輸直升機進行吊掛空運。

第3直升機攻擊（輕）中隊「海狼」會配備UH-1B等砲艇直升機，為巡邏艇部隊提供密接空中支援。1966～1972年共配備70架從事作戰。

《巡邏艇的搭載兵器》

口徑：40mm
彈藥：40×53mm榴彈
裝彈數：金屬彈鏈給彈48發
作動方式：半自動
全長：1090mm
槍管長：413mm
重量：35.2kg
最大射程：2200m

雙管M2重機槍槍座

搭載於PBR的船首。

Mk.19 Mod.0榴彈機槍

接續Mk.18 Mod.0，於1967年開始配備的半自動榴彈機槍。由於使用的是新研製的中速高低壓40×53mm榴彈，因此射程距離比40×46mm榴彈遠，威力也有增強。

Mk.18 Mod.0榴彈機槍

11962年研製，自1965年起配備於PBR等巡邏艇的榴彈機槍。以轉動曲柄的方式操作給彈、發射，可手動連續發射40mm榴彈。

口徑：40mm
彈藥：40×46mm榴彈
裝彈數：尼龍彈帶給彈50發
作動方式：手動快速連發
全長：560mm
重量：12.2kg
最大射程：360m

Mk.2 Mod.1迫擊砲／機槍架

搭載於PCF高速巡邏艇，上下設置M2重機槍與Mk.2 Mod.0 81mm迫擊砲的重兵器。迫擊砲能水平射擊（俯仰角-30°～71.5°）。每分鐘最大可射擊18發砲彈。

《內河巡邏艇 Mk. II PBR》

全長：9.7m
滿載排水量：7.1t
最高速率：25節
武裝：12.7mm機槍×3、
　　　7.62mm機槍×1、
　　　40mm榴彈機槍×1

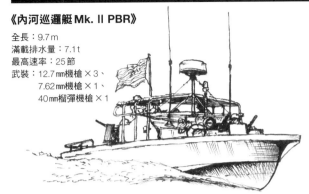

以水噴射方式推進，因此也能在支流等較淺河川活動。

《巡邏氣墊船 M 7255 PACV》

全長：11.8m　　最高速率：60節
武裝：12.7mm機槍×2、
　　　7.62mm機槍×2、
　　　40mm榴彈機槍×1

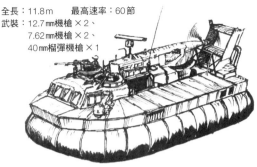

除了水上之外，也能在巡邏艇無法航行的沼澤或海岸使用。陸軍也會運用，配備於第9步兵師第3旅，在湄公河三角洲供作戰使用。

《高速巡邏艇 Mk. II PCF》

全長：15.6m
滿載排水量：19t
最高速率：28節
武裝：12.7mm機槍×3、
　　　81mm迫擊砲×1

又稱「高速艇」的巡邏艇。不只在內河巡邏，也會在近岸海域執行巡邏與臨檢可疑船舶的任務。

《裝甲運兵艇 ATC》

全長：17.2m
滿載排水量：66t
最高速率：8.5節
武裝：7.62mm機槍×4、
　　　20mm機砲×3
　　　或20mm機砲×2、
　　　40mm榴彈機槍×1

修改自機械登陸艇（LCM）的運兵艇。為抵擋RPG-2或RPG-7攻擊，艇身會加裝鐵管，並且備有槍塔。

《突擊支援巡邏艇 Mk.I ASPB》

全長：15.3m
滿載排水量：26t　　最高速率：14節
武裝：20mm機砲×2、12.7mm或7.62mm機槍×2、40mm榴彈機槍×1

除了巡邏之外，在與第9步兵師執行突擊作戰時，會負責掩護、支援ATC與登陸部隊。

《裝甲運兵艇 ATC（H）》

全長：17.2m
滿載排水量：66t
最高速率：8.5節
武裝：7.62mm機槍×4、
　　　20mm機砲×3
　　　或20mm機砲×2、
　　　40mm榴彈機槍×1

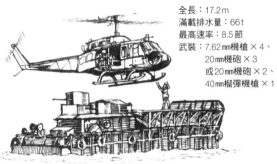

為了透過直升機進行物資補給與後送傷者，在船艙上方設有直升機起降平台的構型。

全長：18.2m
滿載排水量：75t
最高速率：8節
武裝：40mm機砲×1、12.7mm機槍×1、
　　　20mm機砲×3或20mm機砲×2、
　　　40mm榴彈機槍×1、7.62mm機槍×2、
　　　81mm迫擊砲×1

《內河砲艦 MON》

暱稱「莫尼特」的火力支援艇，也有推出搭載噴火器的構型。

全長：18.4m
排水量：80t
最高速率：8節
武裝：40mm機砲×1、
　　　12.7mm機槍×1、
　　　20mm機砲×3
　　　或20mm機砲×2、
　　　40mm榴彈機槍×1、
　　　7.62mm機槍×2、
　　　81mm迫擊砲×1

《指揮通信艇 CCB》

內河突擊戰隊所屬支隊的旗艦。艇首砲塔後方有設置無線電通信室。

圖解越南戰爭

出　　　版／楓樹林出版事業有限公司
地　　　址／新北市板橋區信義路163巷3號10樓
郵 政 劃 撥／19907596　楓書坊文化出版社
網　　　址／www.maplebook.com.tw
電　　　話／02-2957-6096
傳　　　真／02-2957-6435
作　　　者／上田信
翻　　　譯／張詠翔
責 任 編 輯／王綺
內 文 排 版／謝政龍
港 澳 經 銷／泛華發行代理有限公司
定　　　價／450元
初 版 日 期／2023年4月

國家圖書館出版品預行編目資料

圖解越南戰爭 / 上田信作；張詠翔譯. --
初版. -- 新北市：楓樹林出版事業有限公司
, 2023.04　面；公分

ISBN 978-626-7218-48-8（平裝）

1. 越戰　2. 戰史　3. 軍事裝備

738.3264　　　　　　　112001907